高等教育秘书学专业本科系列教材

中国高等教育学会秘书学专业委员会组编

SECRETARY SCIENCE

公共关系学

GONGGONG GUANXIXUE

主　编　周林兴

副主编　任　越　伊玫瑰

参　编（按姓氏笔画排序）

王卫明　李　健　陈艳红

罗俊敏　唐长乐

北京师范大学出版集团
BEIJING NORMAL UNIVERSITY PUBLISHING GROUP
北京师范大学出版社

图书在版编目(CIP)数据

公共关系学/周林兴主编．—北京：北京师范大学出版社，2025.4
高等教育秘书学专业本科系列教材
ISBN 978-7-303-29294-3

Ⅰ．①公…　Ⅱ．①周…　Ⅲ．①公共关系学－高等学校－教材　Ⅳ．①C912.31

中国国家版本馆CIP数据核字(2023)第125728号

出版发行：北京师范大学出版社 https://www.bnupg.com
　　　　　北京市西城区新街口外大街12-3号
　　　　　邮政编码：100088
印　　刷：唐山玺诚印务有限公司
经　　销：全国新华书店
开　　本：787 mm×1092 mm　1/16
印　　张：14.5
字　　数：300千字
版　　次：2025年4月第1版
印　　次：2025年4月第1次印刷
定　　价：46.80元

策划编辑：易　新　　　　责任编辑：肖　寒
美术编辑：焦　丽　　　　装帧设计：焦　丽
责任校对：陈　民　　　　责任印制：赵　龙

前　言

公共关系作为一门交叉性新型管理学科，集理论性与实践性、系统性与实用性为一体，是一项青春的事业、智慧的事业及未来的事业。做好公共关系工作，对推进中国式现代化进程，具有战术价值和战略意义。

习近平总书记在党的二十大报告中指出："江山就是人民，人民就是江山。中国共产党领导人民打江山、守江山，守的是人民的心。治国有常，利民为本。为民造福是立党为公、执政为民的本质要求。必须坚持在发展中保障和改善民生，鼓励共同奋斗创造美好生活，不断实现人民对美好生活的向往。我们要实现好、维护好、发展好最广大人民根本利益，紧紧抓住人民最关心最直接最现实的利益问题，坚持尽力而为、量力而行，深入群众、深入基层，采取更多惠民生、暖民心举措，着力解决好人民群众急难愁盼问题，健全基本公共服务体系，提高公共服务水平，增强均衡性和可及性，扎实推进共同富裕。"

从实际情况来看，"采取更多惠民生、暖民心举措，着力解决好人民群众急难愁盼问题"，就是国家层面的公共关系活动，有助于守住"人民的心"。

习近平总书记在党的二十大报告中还指出："坚守中华文化立场，提炼展示中华文明的精神标识和文化精髓，加快构建中国话语和中国叙事体系，讲好中国故事、传播好中国声音，展现可信、可爱、可敬的中国形象。"这些论述本质上指向国际层面的公共关系活动，对做好国际公关活动设定了目标。

任何一项事业的成功无不透露出成功者的公共关系意识与思维，以及他们对公共关系真谛的谙熟。编写本教材也正是以提升学子公共关系意识为出发点和最终目的，使他们在未来竞争激烈的职业生涯中赢得先机。

本书由周林兴担任主编。具体分工如下：唐长乐、周林兴负责第一章公共关系概述；伊玫瑰负责第二章公共关系的主体、第三章公共关系的客体、第四章公共关系工作程序；任越负责第五章政府关系、第六章媒体关系、第七章竞争对手关系、第八章员工关系；李健负责第九章公共关系活动的策划与实施；陈艳红负责第十章公关礼仪规则与实务；王卫明、罗俊敏负责第十一章公共关系写作规范与案例。全书由周林兴统稿。

本书在编写过程中参考了大量相关文献，吸收了相关学者的最新学术成果，在此向各位专家、学者表示衷心感谢。本书也得到北师大出版社易新老师及其同事的大力支持与帮助，在此一并表示感谢。由于水平有限，书中难免出现不足之处，敬请各位读者提出宝贵意见。

编者

目录

第一章
公共关系概述

本章引言

本章首先围绕词源、定义、要素对公共关系内涵进行系统分析；其次介绍了公共关系的特征和相关概念，具体包括六大特征，以及公共关系与人际关系、宣传、广告、营销等概念的区别；最后阐述了公共关系的职能。

结构图

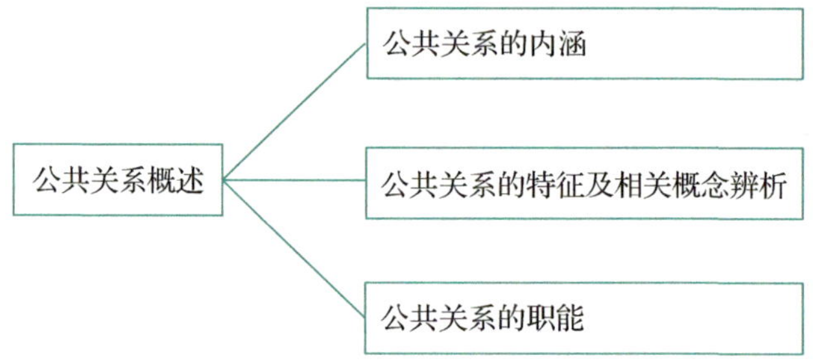

本章要点

1. 公共关系的定义。
2. 公共关系的特征。
3. 公共关系的职能。

本章难点

1. 公共关系的定义。
2. 公共关系与相关概念的辨析。

第一节 公共关系的内涵

学习目标

1. 了解公共关系的词源。
2. 理解公共关系的不同含义。
3. 明确公共关系的定义。

一、公共关系的词源

“公共关系”一词是舶来品，源自英文 Public Relations，简称为 PR 或 P. R.，此词最早出现在美国总统托马斯·杰斐逊的国会演说中。从字面上理解，Public既可译为名词“公众”，又可译为形容词“公众的”和“公共的”，而Relations可译为“关系”，作为复数形式则说明了这种关系不是个体与个体间相互联系的简单关系，而是与众多人之间的复杂联系中的多种关系。这种关系可以是直接关系，也可以是间接关系；可以是单向关系，也可以是多向关系。这种关系受到Public的约束，表明它只能是社会组织在复杂的社会联系中与不同的公众或公众群体间建立起来的非个体、非私密、非独占的关系，具有天然的广泛性、社会性、群体性和公开性。

虽然，Public Relations有两种译法，即“公共关系”或“公众关系”，但根据我国的认知习惯，政府、社区等机构作为公共事业单位，具有较高的认知度，因此“公共”一词更加便于理解；另外，从学术研究来看，我国港台地区较早引入这一概念，在许多著述中更多地被译为“公共关系”①，这已成为学界的一种主流译法；最后，从行业认可来看，全国各地建立的公关协会被法律认可的也是“公共关系”协会。但本质上“公共关系”应当是“公众关系”，它是立足于一种更为固定的角度，即社会组织来分析其所面临的各种关系，它是指社会组织与公众之间在物质和精神上的关联关系。由于社会组织的类型多样，其工作性质、业务职能、服务方式上的多样性决定了其所面对的公众对象的不同，由此形成了不同的公共关系。另外，即使是同一个社会组织，随着其不同时期工作重点的变化，所面临的公众也会产生变化，由此形成了不同时期的公共关系。

二、公共关系的定义

不同的群体对“公共关系”具有不同的认知，如果你看过由莱昂纳多·迪卡普里奥主演的科幻影片《盗梦空间》，就能通俗地理解公共关系。电影里主角的终极任务就是通过潜入梦境，替客户将想法植入竞争对手的大脑中，并让其觉得这个想法是自然产生和自身固有的，从而赢得竞争。同样，你可以将公共关系理解为“盗梦”，在所有人心中植入一个想法，并且他还觉得这个想法是自己的。

自公共关系于1923年成为一门专业学科，对其定义的探讨在百年来一直在学术领域百家争鸣。仅国内就有数十种说法，如“传播说”“管理说”“关系说”“形象说”“咨询说”“现象描述说”“协调说”“功能说”；还有各种“论”，例如，“管理职能论”“传播沟通论”“社会关系论”“科学或艺术论”等。总体来看，公共关系的定义可从以下几层含义来理解。

① 注：在多数实践场合，公共关系也被简称为“公关”，公共关系人员也被简称为“公关人员”。故此书中有时会使用简称进行表述。

(一)公共关系是一种对公众关系进行科学管理的思想和方法

公共关系作为一种思想，它渗透在一个组织的全部活动之中，如“领导评价小李很有公关头脑”，就是指他有公共关系的观念意识；作为一种方法，它区别于组织的其他管理方法，强调组织与公众之间的沟通协调，如“他很会用公关技术说服和左右社会大众”。

(二)公共关系是组织扮演和所处的一种以公众关系为中心的社会形象和舆论状态

公共关系作为一种社会形象状态，主要是指社会组织在公众心目中营造的一种现实形象，如“很多公司的倒闭是因为公共关系宣传不到位”；作为一种社会舆论状态，主要是指创造的一种舆论风气，如“在他带领下，公司的公共关系一直不错”。

(三)公共关系是一门对公众关系进行系统研究并指导实践的艺术和科学

“艺术”被定义为“借助一些手段或媒介，塑造形象、营造氛围，来反映现实、寄托情感的一种文化”①，公共关系作为一门艺术，主要是指处理公众关系的艺术，如“精通公关让他在公司备受重视”；作为一种科学，公共关系主要指具有系统学科理论和方法体系的社会科学，如“听说小李在大学学的是公共关系”。

(四)公共关系是一类围绕公众关系所从事的社会职业和开展的实务活动

公共关系作为一种社会职业，主要是指从事公众关系管理和策划并获取报酬的行业角色，如“干公关给小李带来了很强的职业自豪感”；作为一种实务活动，公共关系是指通过信息的沟通和传播进行的一种自觉性的、目的性的、发展性的组织实际事务，如“他相信不搞公关的公司不是好公司”。

如果将以上例子串联起来，会发现“公共关系”的概念在不同语境下所传达出的含义连贯而有趣：“领导评价小李很有公关头脑，他很会用公关技术说服和左右社会大众。很多公司的倒闭是因为公共关系宣传不到位，在他带领下，公司的公共关系一直不错。精通公关让他在公司备受重视，听说小李在大学学的是公共关系。干公关给小李带来了很强的职业自豪感，他相信不搞公关的公司不是好公司。”

以上所述的“公共关系”在不同的语境下含义各不相同，20 世纪以来“公共关系”有五百多种具有代表性的定义，至今仍没有一个确切而又公认的定论。可见公共关系是一个复杂的概念，特别是要在一系列复杂的社会现象和社会活动下给出一个统一的定

① 黄柏青：《艺术概论》，北京，人民邮电出版社，2014。

义，具有一定的难度。另外，由于人们研究和观察角度的不同，侧重点不同，目的不同，由此得出的结论也各不相同。当然，通过分析公共关系不同的定义和概念，发现它们均包含了公共关系的三个要素：作为主体的社会组织，作为客体的公众，以及作为媒介手段的传播。本书认为公共关系的定义是：公共关系是作为主体的社会组织为了树立良好的组织形象，营造有利的社会舆论，遵循各种合理的原则，运用有效的传播手段，使作为客体的公众能够和自己相互了解、相互适应，从而促进组织更好地生存和发展的活动过程。

第二节 公共关系的特征及相关概念辨析

学习目标

1. 了解公共关系的不同特征。
2. 明确公共关系与相关概念之间的联系与区别。

一、公共关系的特征

公共关系的特征是由它的自身性质、主体目标和客体特征及工作方式决定的，可以概括为以下几个方面。

(一)以公众为对象

公共关系是一定的社会组织和与其相关的社会公众之间的相互关系。社会组织必须着眼于自己的公众，才能更好地生存和发展。公共关系活动的策划者和实施者必须始终坚持以公众利益为导向。

(二)以美誉为目标

塑造形象是公共关系的核心问题。组织形象的基本目标有两个，即知名度和美誉度。所谓知名度，是指一个组织被公众知道、了解的程度，以及社会影响的广度和深度。所谓美誉度，是指一个组织获得公众信任、赞美的程度，以及社会影响的美、丑、好、坏。在公众中树立组织的美好形象是公共关系活动的根本目的。

（三）以互惠为原则

公共关系是以一定的利益关系为基础的。一个社会组织在发展过程中要得到相关组织和公众的长久支持与合作，就要奉行互惠原则，既要实现本组织目标，又要让公众得益。

（四）以长远为方针

一个社会组织要想给公众留下良好的组织形象，不是一朝一夕之功，必须经过长期的、有计划、有目的的艰苦努力。

（五）以真诚为信条

以事实为基础是公共关系活动必须切实遵循的基本原则之一。社会组织必须为自己塑造一个诚实的形象，才能取信于公众。真诚能产生巨大的说服力。唯有真诚，才能赢得合作。

（六）以沟通为手段

没有沟通，主客体之间的关系就不会存在，社会组织的良好形象也无从产生，互惠互利也不可能实现。要将公共关系计划付诸实施，只能经过双向沟通。

二、公共关系与相关概念的辨析

公共关系的概念进入我国已经有二十多年的历史了，但公众对公共关系的性质、功能、手段等的理解与认知还有待进一步提升。为了准确把握公共关系内涵，有必要将公共关系与其他相关的社会现象和活动进行比较与区别，从而排除误区，客观正确地领会公共关系的本质内涵，使公共关系朝着正确的方向发展。

（一）公共关系与人际关系

很多人认为公共关系就是搞好人际关系，这种观点不准确，不能简单地将公共关系等同于人际关系。事实上，人际关系是指人们在相互联系、相互影响和相互作用的过程中建立和维系的人与人之间的关系，包括血缘关系、地缘关系、业缘关系等，与它相对的是群体关系。公共关系主要研究社会组织与公众之间的关系，由于组织与公众都可以是群体，所以公共关系从本质上来讲是一种群体关系，不过人际关系和公共关系仍然具有很多相似的地方，两者在使用时有一定交叉和重叠，在实践中，处理公共关系要比处理人际关系更为复杂。

1. 公共关系与人际关系的联系

公共关系的社会基础和组织基础就是人际关系。作为公共关系主客体的社会组织和公众，其主体都是人，因此公共关系活动的开展离不开人际沟通，无论是内部公关，还是外部公关都离不开人际关系。

公共关系需要运用人际关系中的人际传播手段。作为社会关系的表现形式，两者存在同样的基础，因此在进行具体的实务操作时，两者也存在部分共同的处理原则。作为公关人员，在日常工作和生活中，需要广交朋友、广结人缘，争取更多的公众了解组织、支持组织。

公共关系需要吸收人际关系中人际交往的各种技巧。由于人际交往具有针对性强、感情色彩浓厚、信息真实、反馈迅速等特点，因而它在消除误解、增进理解、加深了解、建立友谊方面有得天独厚的优势。在公共关系活动中，将各种人际交往的技巧与其他技术手段相结合，就能充实公关活动的内容，丰富公关活动的形式，提高公关活动的成功率。

2. 公共关系与人际关系的区别

公共关系与人际关系的工作主体和范围不同。公共关系的工作主体是组织，而人际关系的主体则是个人。公共关系的应用范围是中观和宏观层面，是组织和特定公众之间的关系，而人际关系的应用范围是微观层面，是个人和其他个体之间的关系。

公共关系和人际关系的产生和发展阶段不同。公共关系是伴随着资本主义的生产关系而产生的，其是商品经济的产物，更加侧重以业缘关系为纽带形成双向或者多向的沟通联系。人际关系是人类社会中十分古老的且较为低层次的关系形态，它在人类社会产生之初便已经形成。它的发生主体为个人，发生客体同样为个人，两者之间在血缘、地缘、业缘等关系基础上形成了人际关系，从而使双方产生了沟通联系的纽带和桥梁。

公共关系和人际关系的目的和手段不同。公共关系的主要目的是塑造组织形象，营造良好的组织发展舆论氛围，服务于组织利益，主要手段是运用具有广泛影响力的群体传播技术和大众传媒，在社会组织和特定公众之间进行公开的、多向的和大范围的传播，同时也会使用一定的人际传播手段。人际关系的主要目的是个人之间的沟通，服务于个人利益，主要手段是单一的和小范围的人际传播。

(二)公共关系与宣传

宣传是向公众说明情况、讲清道理，以使公众了解、信任并支持某项政策或行动的一系列有意控制社会心理的活动。[①] 公共关系与宣传活动有共同点，它们都是明确地

① 周小波：《公共关系学》，北京，北京理工大学出版社，2018。

为特定的组织服务的，并且公共关系经常要借助各种宣传手段吸引公众、影响公众。不过公共关系与宣传之间仍有区别，主要表现在以下三个方面。

1. 两者的工作性质不同

传统的宣传工作属于思想政治工作范畴，是思想政治工作的手段与工具。宣传的目的主要是改变和强化人们的心理状态和精神状态，获取人们对某种主张或信仰的支持。它主要进行的是国家的方针、政策、社会道德、伦理、法制等方面的教育。公共关系作为一种特殊的管理职能，目的是塑造组织形象，建立组织与公众的良好关系，除了宣传、鼓动以外，其工作的主要内容是信息交流、协调沟通、决策咨询、危机处理等。

2. 两者的工作对象不同

宣传的对象是广大群众，公共关系活动的对象是特定公众。宣传是由权威部门进行的，带有某种强制性；而公共关系的宣传是由社会组织进行的，不带有强制性。

3. 两者的传播方式不同

宣传是一种单向的心理诱导、行为影响和舆论控制，主要用于上级对下级、政府对民众，甚至包含某种意义上的命令色彩，而公共关系则是一种双向的信息传播活动。

(三)公共关系与广告

广告是广告主为了推销其商品、劳务或观念，在付费的基础上，通过传播媒体向特定的对象进行的信息传播活动。[①] 公共关系经常要借助广告的形式去扩大影响，完成信息传播，树立组织形象，广告也常常借助公共关系增强说服力。尽管公共关系与广告之间联系紧密，但两者仍是有区别的，主要表现在以下几个方面。

1. 两者的内容不同

广告一般限于推销某种特定的产品，是向消费者传递信息的手段，是促销的主要方法之一；公共关系广告是为了树立整个组织的良好形象，它比产品广告的影响范围更广，综合性更强。

2. 两者的社会需要不同

所有组织都需要进行公共关系活动，但不是所有组织都需要做广告。如公安、交通等部门并不需要做广告，但需要运用公共关系的传播手段，让公众了解、支持他们的工作。

3. 两者的真实性不同

为了取得效果，产品广告可以采用艺术夸张的手法，而公共关系活动必须恰如其分，真实地反映情况，客观地进行宣传。

---

① 刘昕远主编：《广告学概论》，北京，中国轻工业出版社，2007。

4. 两者的目的不同

广告的目的是获取最大的利润，广告的费用要用版面或时间来计算，但公共关系活动并不能只注重眼前利益，而要从长远着眼。

(四)公共关系与营销

公共关系活动是市场营销的一种促进手段，现已被企业广泛运用，借助公共关系去沟通企业与消费公众的感情，有助于市场销售，因此企业的公共关系在许多具体活动形式上往往是与营销活动结合在一起的，从而使两者密切配合，取得更加理想的效果。随着公共关系与营销的相互作用，目前已出现了更高层次上的“整体公共关系营销”。但两者还是有一定的区别的。

1. 两者的任务不同

公共关系工作的成效体现在许多方面，其中包括了促使产品销量增加的任务，但是营销并不是公共关系的主要任务或唯一目标。营销的主要任务是销售产品，进一步扩大盈利，产生企业效益。公共关系主要任务是在社会组织与公众之间建立良好的关系，塑造组织的良好形象，如果组织形象好，销售量也会获得提升。塑造良好形象才是公共关系的主要目标，而销售量的上升是这种目标实现后带来的结果，两者是不能混淆的。

2. 两者的影响因素不同

销售量的增减是由多种因素造成的，公共关系只是这些因素中的一种，不能将两者等同起来。一种产品的销售情况不仅受到国际和国内政治、经济、文化等方面的影响，而且还受到市场、竞争对手、产品花色品种等多方面的影响。

3. 两者的时效不同

营销注重的是近期目标，关注点是获得更多的经济效益，而公共关系注重的是中长期目标，关注点是使机构形成良好的社会形象，并产生良好的社会效益，实现机构的长期可持续发展。

第三节
公共关系的职能

学习目标

1. 了解公共关系的职能有哪些。
2. 明确三类组织当优先采集的信息。
3. 了解公共关系咨询建议的主要内容。

公共关系工作目标是塑造和宣传社会组织的良好形象，围绕这一目标所开展的具体活动和工作便形成它的职能范围，即公共关系在社会组织运行过程中的职责范围和应承担的责任。组织的公共关系职能是多种多样的，由于公共关系可以在多方面发挥作用，从而决定了公共关系的职能极其广泛而复杂。了解公共关系的职能，对公共关系活动正常而有效地开展是十分重要的。

一、采集信息、监测环境

公共关系首先要发挥采集信息、监测环境的作用，即作为组织的预警系统，通过各种调查研究的方法，收集信息、监测环境、反馈舆论、评估效果，以帮助组织对复杂、多变的公众环境保持高度的敏感性，维持组织与整个社会环境之间的动态平衡。

公共关系按其活动的工作程序来说，一般是从信息的采集开始的，采集信息是公共关系工作的必要前提。有三类信息是公共关系职责范围内应当优先采集的。

(一)组织形象信息

组织形象信息指公众对组织在运行中所显示出的行为特征和精神面貌产生的印象和评价。公共关系工作的一个重要目标是树立组织的良好形象，良好的组织形象能赢得公众的信赖，为组织的产品和服务创造出一种消费信心。因此，了解组织在公众中的形象是公共关系活动的基本内容之一，组织形象信息的采集是公共关系活动过程的重要环节。组织形象信息一般包括以下具体内容。

(1)公众对于组织领导机构的评价。如领导能力、创新意识、办事效率、用人眼光、威望与可信任度及机构的完善程度、设置的合理程度等。由于领导机构是组织的指挥中心，因此对领导机构的评价往往在一定程度上反映了人们对整个组织形象的评价态度。

(2)公众对于组织管理水平的评价。如决策是否合乎社会实际情况、生产节奏是否紧凑、内部分工是否合理、对市场变化的反应是否灵敏等。由于组织管理水平直接影响产品的质量和组织的竞争力，因此这类信息表明的是公众对组织形象的基本态度。

(3)公众对于组织内部一般工作人员的评价。如他们的工作能力、职业水准、文化程度等。由于组织的运行必须由他们来具体作业，对他们的评价就构成了社会对整个组织形象评价的一个方面。

(4)公众对组织环境特征的评价。如组织的建筑物、区域范围、门面装潢、内部设计、物质技术设施等方面所表现出的发展程度或设计水准。

(二)组织产品形象信息

组织产品形象信息主要包括消费公众对产品(或服务)的价格、性能、质量、品种款式、包装、商标、用途等主要指标的印象和评价，同时也包括对产品优缺点的评价及改进的建议等，以及围绕产品所进行的服务时间、服务方式和服务质量的反映。顾客对产品提出的建议，是企业改进商品、提高质量的权威意见。

(三)社会环境信息

任何社会组织都处于一定的社会环境中，社会组织与社会环境之间存在着交互作用，对于与组织相关的社会环境变化的各种信息，也是公共关系工作必须注意收集的。社会环境信息主要包括与本组织生存发展有关的政治、法律、文化、社会舆论等方面的状况及其变化；发展趋势的信息，如财政政策、货币政策、国家经济发展战略、国际经济大趋势等宏观信息；与企业行业特点密切相关的法律法规、政府机构发布的各种行政管理规定、与企业有关的各种舆论信息等。这些信息对组织及时调整运行机制极为重要。

而监测环境则是指观察和预测影响组织目标实现的公众情况和各种社会环境的情况，使组织对环境的发展变化保持清醒的头脑和敏锐的感觉以及灵敏的反应，从而保证科学地塑造组织形象，实现组织目标。公共关系的监测分为对内监测和对外监测。其中对内监测指公共关系对其主体，即社会组织运行状态和组织目标实现的可行性的监测作用；对外监测指公共关系对其客体，即公众对社会组织的态度的监测作用。它通过各种信息传播媒介，不断地把握社会组织有关的社会信息及其走向，其目的是使社会组织在其运行过程中，能预先采取必要的对策。

二、咨询建议、参与决策

咨询建议、参与决策是公共关系最有价值的职能，因此公共关系也被称为“咨询业”或“智业”。公共关系的咨询建议主要是指组织的公关人员向决策层和各管理部门提供公共关系方面的意见和建议，使决策更加科学化、系统化，并照顾到社会公众的利益。公共关系的咨询建议与采集信息是密切关联的，获取信息是咨询建议的前提，没有足够的信息，一切咨询和建议只能是空谈。采集的信息只有通过向组织提供咨询和建议，才能充分发挥其功能，实现其价值。公共关系咨询建议的主要内容有以下几点。

(1)对本组织的内部方针、政策和行动提出咨询建议，发挥公共关系对组织的导向作用。参与决策，制订出合乎组织发展的目标。公关人员应仔细分析决策会给社会带来哪些积极影响，会使公众得到哪些利益，更要分析可能给公众带来的不良后果，并积极与组织管理层进行沟通，并制定合乎组织发展目标的最佳方案。

(2)对本组织的公共关系战略、经营销售战略和广告宣传战略、组织文化战略提出咨询意见，使原来分别由几个部门负责的工作发展成为一个系统，并制订出科学的实施方案为组织提供决策参考。

(3)对组织生存环境的有关发展变化进行预测和咨询，组织决策者应拥有一套甚至几套可供选择的方案，以适应这些变化。

长期以来，公关部门在组织管理中一直处于“仅供参考”的地位，并没有决策权和话语权。如今随着竞争的加剧，公关的内在价值逐渐显现，越来越多的组织开始把公关放到战略的层面，让公关在决策上发挥更大的作用，帮助组织建立和运用品牌声誉资产。

三、传播沟通、塑造形象

传播沟通并塑造形象是公共关系传播在目的与技巧方面的特有职能。“酒香不怕巷子深”的思想已经不适合现代社会激烈的竞争需求，社会组织不仅要准确地采集各方面的信息，还要利用各种传播手段将本组织的情况、观念、意图，真实而准确、及时而有效地传播给公众，这样才能增进与公众的沟通，保持与公众和谐良好的关系，从而树立组织的良好形象。

公共关系的传播沟通职能主要体现在两个方面：一方面，组织运用传播沟通的手段同公众进行双向交流，赢得公众的信任和支持。这既包括将公众的信息采集进来，用于组织的经营决策，又包括将组织的信息传播出去，在社会上形成有利组织的舆论，从而达到树立形象的目的。另一方面，通过策划新闻、公关广告、专题活动等手段，借势造势，提高组织的知名度与美誉度，为组织创造良好的舆论环境，塑造组织形象。很多组织的公关部均有专人撰稿、专人负责媒介关系，就是为了保证这一职能的有效实现。

四、协调关系、平衡利益

公共关系中的协调就是在沟通的基础上，经过调整，达到组织与公众互惠互利、和谐发展的目的。公共关系作为组织与公共沟通的桥梁，发挥着协调沟通的重要功能。现代社会中，组织面临着复杂而多变的各种关系，面对众多的公众群体，组织必须谨慎地处理各种社会关系和利益关系。组织作为一个开放系统，面对各方的利益要求，要想创造一个良好的内外环境，就必须协调各种关系。本着真诚互惠的原则，首先承认这些利益，然后按照公共关系双向对称原则来尽量满足这些利益；当各种利益发生冲突时，应本着公平对待的原则加以协调、平衡，既不能无视正当要求，又不能厚此薄彼。

协调关系分为广义的协调和狭义的协调：前者不仅包括组织内部的协调，而且包括组织对外的协调，如组织与政府、社区、消费者等的协调活动；后者则主要指组织内部的协调，如组织上下级之间的协调，组织内部同一层次的各部门、各单位之间关系的协调。

五、教育引导、培育市场

公共关系要完成其社会职能，促进社会发展，就必须加强教育引导，要提高组织美誉度，则更需要教育引导。公共关系的教育引导职能主要表现在对内、对外两个方面。对内，公共关系的主要职能是传播公关意识，传播公共关系的思想和技巧，进行知识更新，不仅要对每名员工进行教育引导，而且要说服组织领导接受公共关系思想。对员工的教育引导主要包括两个方面：一方面要重视本组织的形象和声誉；另一方面要在员工中开展公关知识培训。使每个人都懂得，组织的形象和声誉同大家切身利益紧密相关，对外，组织公共关系主要是对公共进行教育引导。

组织有时候需要对自己的新产品或新服务进行一些教育活动，尤其是组织在被公众误解的情况下更需要从根本理念上改变或扭转公众的看法。例如，企业推出新产品时需要教育市场如何去使用这些新产品，通过代理商或零售商来实现上述功能。企业和政府在推出新服务时需要对大众进行指导教育，让他们接受和参与到新的服务提供过程中。

六、危机管理、应付突变

任何组织在发展过程中，都会遇到各类危机。包括来自组织自身的危机，产品质量问题、员工服务态度不好等引发的公众的投诉；同时，也包括来自组织外部的危机，如自然灾害或人为破坏引发的组织财产或声誉受损，此类突发事件的发生会导致公众舆论反应激烈，组织形象受到严重损害而陷入困境的状况。无论是何种危机，一旦处理不当，最后都会带来组织形象、组织资产和社会声誉的降低。因此，组织公共关系的危机管理和突变应对成为公共关系的重要职能和工作重点之一。

总之，由于社会组织规模不同、运行标准和模式不一，公共关系职能重点及范围也不能简单化一。社会组织的运行水准决定了公共关系的职能范围，其运行水准越高，其职能范围就越宽、越完整，反之，就狭窄单一。

练习题>

简答题

1. 公共关系定义的三个要素是什么？
2. 公共关系的特征有哪些？
3. 公共关系与哪些相关概念容易混淆？
4. 公共关系的职能有哪些？

第二章

公共关系的主体

本章概述

公共关系主体是发动、组织、实施和控制公共关系活动的社会组织或个人。它是公共关系活动的发动者、组织者、实施者和控制者。公共关系主体包括社会组织、公共关系机构和公关人员。

结构图

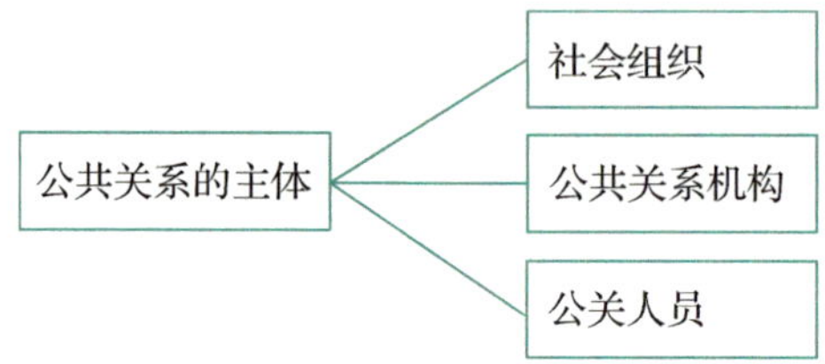

本章要点

1. 社会组织的类型。
2. 社会组织的环境。
3. 内部公关部门类型及职能。
4. 内部公关部门的人员配置。
5. 外部公共关系公司类型。
6. 公关人员需要具备的素质。

本章难点

1. 内部公关部门类型及职能。
2. 公关人员需要具备的素质。

公共关系主体是指在公共关系活动中居于主导地位的，能够组织策划实施公共关系活动的社会组织或个人。它是公共关系活动的策划者和实施者，包含三个层次：社会组织、代表组织行使公共关系功能的公共关系机构、代表组织行使公共关系功能的公关人员。

第一节
社会组织

学习目标

1. 熟悉社会组织的类型。
2. 熟悉社会组织所处的环境。

一、社会组织的类型

(一)按社会功能划分

按照社会功能来划分，社会组织可以分为政治组织、经济组织、文化组织、群众组织和宗教组织。政治组织是为了某种政治目的而建立起来的组织，包括国家政党组织、国家政权组织、国家司法机构等，如地方政府组织、公安局、法院、检察院等，它的公共关系任务是在广大人民心中树立良好的“为人民服务”的形象。经济组织是社会组织中最常见最基本的组织，包含企业、金融组织、各类服务性组织等，如超市、银行、培训机构、旅游公司等，它的公共关系任务是树立企业的良好形象，争取更多消费者的支持，获取更大的经济效益。文化组织是从事精神文化工作，满足人们精神文化需求的组织，如博物馆、文化馆、艺术馆、体育馆等，它的公共关系任务是树立服务者的良好形象，争取人们的支持和拥护。群众组织是由于共同目标或同一兴趣而建立起来的群体，包括学术性组织、社团、群众性协会，以及工会、作家协会、红十字会等，它的公共关系任务是树立良好的组织形象，为公众及社会服务，期待获得更多公众的支持。宗教组织是由共同的宗教信仰组织起来的群体，如佛教协会、道教协会等，它的公共关系任务是在信教群众和宗教人士中起到组织者的任务，在社会中树立能够与不同宗教的人和平共处的、包容大爱的良好形象，得到信教群众和宗教人士的爱戴。

(二)按组织目标与受益的关系划分

按照组织目标与受益的关系划分，社会组织可分为营利性组织、服务性组织、互益性组织、公益性组织。营利性组织是以营利为目的，争取效益最大化的组织，如企业、金融机构等，它的公共关系工作重点在于开展促销型公共关系活动，促进经济效益提高。服务性组织是以服务对象的利益为目标的组织，如学校、医院、社会公共事业机构等，它的公共关系工作侧重点是提高公共服务质量。互益性组织是组织内部成员之间互相获利的组织，如群众团体、宗教组织等，它的公共关系工作侧重点在于开展内部沟通交流的公共关系活动，获取内部成员的支持。公益性组织是不以营利为目的，而是以国家和社会利益为目标的组织，如政府、军队、司法机关等，它的公共关系工作重点在于开展公益性公共关系活动。

案例

2001 年 7 月 13 日，北京申奥成功。北京申奥的胜利是中国政府公关的胜利。

北京申奥过程是经过精心策划和实施的。公关主体是中国，是北京。时任国务院副总理的李岚清在做申奥报告时说："在过去 20 年改革开放的过程中，中国已成为世界上经济发展最快的国家之一。我们将继续保持政治稳定、社会进步和经济繁荣。"强调北京申奥是以强大的祖国和人民为后盾的。北京奥申委确定了"新北京，新奥运"的申办口号，提出了"绿色奥运，科技奥运，人文奥运"的申办理念，提供了一部长达 500 页，涉及 17 个主题的申奥报告，并把 95%的公众支持率的调查结果写进其中，由著名导演张艺谋执导的北京申奥宣传片《新北京新奥运》，成功地在短时间内把北京辉煌的成就、迷人的风采和中国人民对奥运的期盼表现得淋漓尽致。

北京申奥成功，应该说我国政府的公关工作厥功至伟。这一公关策划的实质就是要国际奥委会认可北京，认可中国政府对奥运会的理解，认可中国政府举办奥运会的诚意和组织大型活动的能力。

二、社会组织的环境

（一）社会组织的内部环境

社会组织的内部环境包括组织的管理环境、人际关系环境、物质环境等。组织中的人际关系环境是最重要的环境，主要表现为员工与员工的关系、领导与员工的关系、员工与股东的关系等。社会组织的公共关系侧重点是要建设良好的内部环境，进行内部沟通型的公共关系活动，如日常工作会议、员工联谊会、团建活动等。

在现代社会，社会组织想要获得长久的生存与发展离不开健全的社会组织制度、高效的工作效率和组织内部成员的团结合作。组织内部成员是否团结一致、是否士气激昂是一个组织生存与发展所必需的生机与活力。因此，协调组织内部各部门及成员之间的关系，使所有的成员都能够为组织的目标而奋斗，是组织内部环境建设的重要任务。除此之外，一个组织的公共关系目标能否顺利地实现，取决于内部成员是否支持。

(二)社会组织的外部环境

社会组织的外部环境，通常指组织的政治环境、经济环境、社会文化环境、生态环境。政治环境是能够对社会组织的活动起到制约作用的政治制度、政治结构等因素，它主要通过影响组织体系和权力分配对组织产生影响。经济环境是社会组织所处的地区的经济发展水平、经济制度政策等，会对社会组织的发展产生较大的影响。社会文化环境包括该地区的人口构成、年龄分布、文化程度等。社会文化环境会影响社会组织成员的思想、认知，也决定了社会对社会组织公关工作的评价。因此，社会组织要重视与社会公众的联系，争取获得大多数公众的支持。生态环境是指社会组织所处的地理位置、气候状况等，生态环境的稳定性较强，不会轻易改变。

第二节
公共关系机构

学习目标

1. 熟悉公共关系机构的分类。
2. 掌握内部公共关系机构的类型及职能。
3. 熟悉外部公共关系公司的工作模式及工作程序。

一、内部公共关系机构

内部公共关系机构是社会组织内部设立的专门用于处理组织自身公关实务的部门，公共关系部是社会组织公关部门常用的名称。它的设置没有统一的固定模式，而是根据不同的社会组织及环境不断改革发展的。

(一)内部公共关系机构类型

1. 领导直接负责型

领导直接负责型(如图 2.1)机构是由社会组织领导直接领导和负责的公关机构。这种类型的公共关系机构体现了社会组织机构对公关部门的重视，这类公关部门有较高的权威性和效率性，日常工作中，能够及时地处理公关实务，更具灵活性，产生的作用也更大。

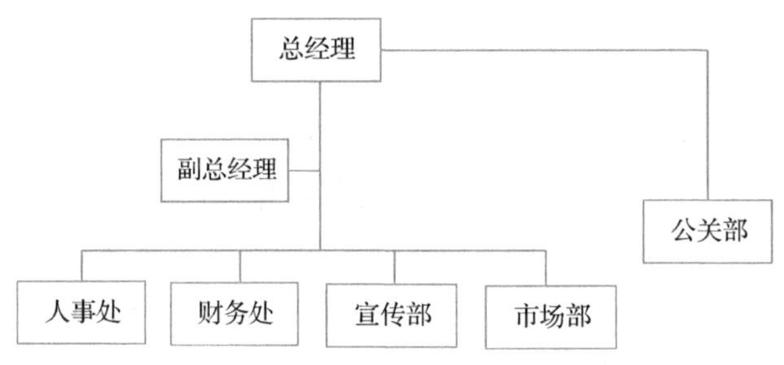

图 2.1　领导直接负责型

2. 部门并列型

部门并列型(如图 2.2)机构是在组织机构中较为常见的一种形式。它与组织机构中的其他职能部门处在同等的地位，同属于二级部门，与组织中的最高决策层有直接的关联。这类公关部门有利于公关目标的实现，但是其权威性要比领导直接负责型要弱。

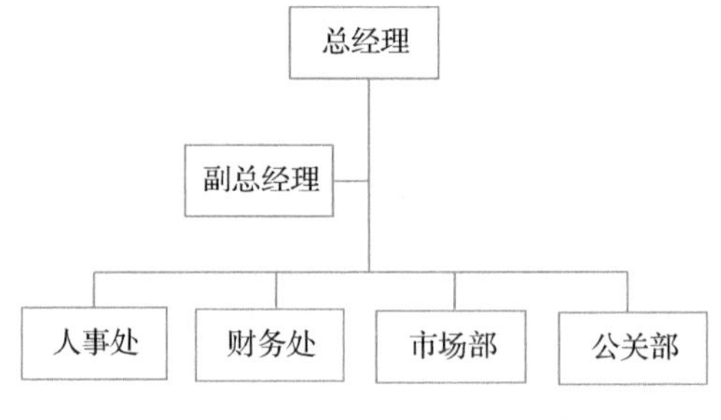

图 2.2　部门并列型

3. 部门所属型

部门所属型(如图 2.3)机构不是一个独立的职能部门，它附属于组织机构中的其他部门，如宣传部、市场部、办公室等。这类公关部门属于组织中的第三级部门，地位不突出，公共关系活动是偶发性的，一般用于小微型企业或组织。

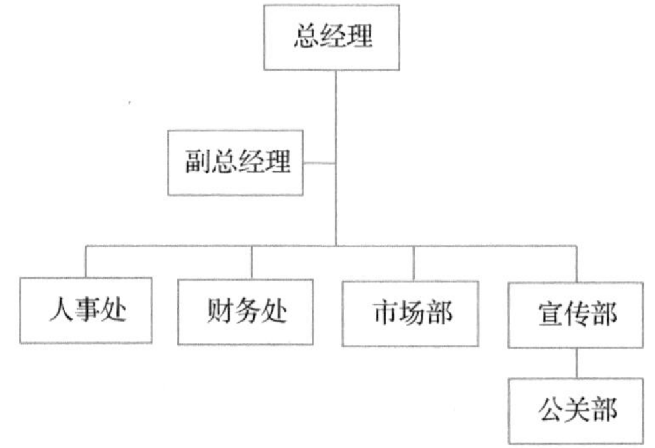

图 2.3　部门所属型

(二)内部公共关系机构的职能

内部公共关系机构的职能是指公关机构对本组织、其他社会组织等所承担的职责和所发挥的作用，主要职能是塑造组织形象、协调沟通公众关系、提供咨询建议、策划公共关系活动和危机管理。

1. 塑造组织形象

组织形象的优劣直接影响组织的整体效益，因此组织形象塑造越来越受到各类组织的重视，其构成要素主要包括产品质量、服务形象、环境形象、文化形象、品牌形象等。对组织来说，想要公众心目中有良好的组织形象，是一个漫长的过程，并非一蹴而就的。组织在进行形象塑造时，要注意两方面的内容：一是要提高组织的知名度；二是要提高组织的美誉度。

2. 协调沟通公众关系

公共关系的活动过程主要是组织与公众之间的互动过程，组织与公众在从事社会工作中会出现利益不一致的情况，需要双方进行沟通协商。组织内部公关部门需要在沟通的基础上，与公众进行磋商调整，获取公众的理解、信任与支持。

3. 提供咨询建议

决策的好坏取决于信息收集与分析的好坏，公关部门要监测、收集、整理和分析信息，为组织决策层提供咨询与建议，从而使决策更加民主、科学、系统，促进组织良好形象的完善。公关部门提供的咨询建议主要包括：社会组织形象咨询、产品服务形象咨询、公众需求咨询等。

4. 策划公共关系活动

公关活动是联结组织与公众之间的桥梁，组织通过公关活动可以就某一方面的问题与公众进行重点的沟通。在活动过程中，公关部门负责具体的工作，包括策划活动时间、地点、参加人员、规模、进行会场布置、礼仪接待等。

5. 危机管理

现代社会是一个风险社会，各种危机时刻存在。危机往往是突发的、紧急的、后果较为严重的恶性事件。公关危机一般是由于主观或客观原因，组织与公众之间的关系处于比较紧张的状态，急需要公关部门对危机事件进行预测、监督、控制和协调处理。

(三)内部公共关系机构的人员配置

内部公共关系机构人员配置时要考虑到社会组织的规模和公关部门的工作量，通常来说，需配置以下几类人员。

1. 调查分析人员

公共关系调查研究是公共关系工作最基础的一项工作，为后续的公共关系活动奠定基础。调查分析人员的工作职责是进行实地调研、信息收集、信息分析处理、形成调查报告。因此，调查分析人员要有社会学、市场学等相关背景知识和社会调查经验。

2. 策划人员

公共关系策划是公关工作的灵魂，策划的好坏影响一系列的公共关系活动。策划人员需要对整个公共关系活动做有步骤的计划，形成公关策划书，策划人员需要有很强的创新意识和丰富的策划经验。

3. 组织人员

公关实施阶段需要组织人员协调各方面的工作，保证公关活动顺利进行。组织人员需要有较好的沟通能力、团队协作能力、危机处理能力等。

4. 撰稿人员

撰稿人员在公关活动前需要采写新闻对活动进行宣传，活动后需要撰写总结或报告，平时需要编撰内部刊物、年度报告等，撰稿人员需要有较好的文字功底和文字处理能力。

5. 其他人员

公关活动还需要一些专业人员的协助，如摄影人员、医护人员、法律顾问等，可以根据组织规模来进行配置，这类人员可以是临时性的，也可以是专职的。

二、外部公共关系公司

外部公共关系公司是由公关专家组成，独立于社会组织之外的，能够提供公关事务咨询服务的专业机构，其基本职能是对客户的公关实务进行指导、建议，帮助社会组织与公众建立良好的信息交流，树立社会组织的良好形象，争取更多公众的支持。

(一)公共关系公司的类型

公共关系公司的类型依据不同方式可作不同的划分。

1. 从公共关系内容划分

(1)综合服务类。综合服务类公关公司承接的业务广泛，可以给社会组织提供多方面的综合性服务，一般由经验丰富的消费者关系专家、媒介关系专家、政府关系专家、社区关系专家等和公共关系技术专家组成，专业性高。例如，美国博雅国际公关公司，其服务项目是信息收集、广告设计、形象设计、与政界新闻界建立联系等。

(2)公关专项业务咨询类。公关专项业务咨询类公关公司以各种专业人才、技术为社会组织提供专门的公共关系服务，如专门为社会组织进行社会调查提供信息服务等。

(3)特定行业咨询服务类。特定行业咨询服务类公关公司是为特定行业提供公共关系服务的公司。例如，专门为工商企业服务，维护企业合法地位和良好形象的公关公司；专门为工商企业提供金融方面服务，保护企业正当权利的金融公关公司等。

2. 按经营方式划分

(1)合作型。这类公关公司，不是处于一种独立的经营状态，而是与广告公司或公关部等合作经营。

(2)独立型。这类公关公司无论经营单项或综合业务，均不与他人合作的方式。

(二)外部公共关系公司的工作内容

1. 提供公关业务咨询

公关公司会根据客户提出的公关问题，提供建议和咨询，提供某方面的信息等，供客户决策层参考。公关业务繁多，有工商企业推广业务、企业形象调查服务、企业形象设计服务、公关活动策划实施业务、公关危机处理业务等等。不同的客户的需求不尽相同，公关公司要针对客户的需求，提供具有针对性和可行性的方案供客户参考。

2. 策划实施公关活动

公关活动是在审时度势后，公关公司根据客户或公众的某种需求而举办的具有传播效果的活动。公关公司受客户委托后，全权负责某项公关活动，如市场调查、公众调查，大型活动方案的制订和执行，充当客户的调解人等。公关活动的协调表现在活动的各个方面与各个环节。首先是目的与内容的协调，一个既定的目的，要通过内容来实现，两者之间就需要公关公司与客户之间有充分的沟通。其次是内容与形式的协调，内容需要通过一定的形式呈现出来，公关公司的创意形式是否能被客户所接受，同样需要公关公司与客户之间的沟通。

3. 代理客户的公关工作

有些组织内部没有设立公关部门，将公关工作全部委托给外部的公关公司。那么公关公司就会受客户的长期聘请，包揽客户的全部公关工作或指派公关专家做客户的长期公关顾问。在这一过程中，公关公司要充当客户的“智囊团”“思想库”，要把公众的需要、社会的舆论、市场的情况等信息提供给客户，为组织领导提供咨询决策意见，使组织的管理更加科学化和民主化。

(三)外部公共关系公司的工作程序

1. 接受客户委托并签订协议书

公关公司与客户之间的委托关系是以正式签订协议书开始的，表明公关公司开始接手客户的公关工作。这种委托的形成既可以由客户主动提出，也可以由公共关系公司主动联系。在签订协议书时，要注意规范双方的权利与义务。

2. 调查研究与分析

及时准确地捕捉并收集信息，进行市场监测，为决策提供依据，是提高组织决策水平的前提。因此，调查研究与分析是组织开展公共关系活动的基础。公关公司要针对客户的公共关系目标，对公共关系现状和影响公共关系目标实现的因素等作全面的信息收集与分析。一般情况下，调查研究主要包括三个方面的内容：一是调查组织市场供求趋势信息。在进行公共关系活动之前，必须了解公众需要什么形式和内容的产品与服务，可采取访谈、问卷、走访等形式来收集公众的需求信息和市场供给信息。二是调查公众对组织的评价。主要是通过对内外公众的满意度调查，收集公众对组织的形象、服务、产品等方面的评价与期望。三是组织自身的状况调查。主要对组织的经营状况、指标完成情况、核心竞争力等进行调查分析，准确把握组织的现状和社会环境条件。

3. 撰写委托报告书

根据上述调查研究的结果，向客户提交委托开展公共关系事务的详细方案报告。该方案里应包含组织社会环境分析、组织形象分析、市场供求信息、组织自身状况分析、公共关系活动目标、公共关系具体活动等。

4. 进行可行性论证

双方主要对报告书中的方案是否能够达到公共关系目标，以及是否具备实施的条件进行论证。如双方对组织的财务预算、公众情况、社会状况等进行一一论证，找出无法实施的原因，并就短板之处进行充分的沟通协调，促进方案的实施。

5. 实施工作计划

在确认了方案之后就要正式开始公关工作，计划只有在实施后才能推动公关工作的开展。实施工作计划时要有计划、有步骤地进行，在这个过程中，公关公司要接受受委托的社会组织的监督和检查，发现问题及时解决。

6. 效果评估

对公关活动进行评估，对公关活动好坏进行衡量。评估得越充分，成绩与不足也就越明显；评估得越客观，今后开展公共关系工作的方向就越明确，对现存的差距和不足改进得就越彻底。因此，每一项公关工作结束时，都要进行总结和评估。

第三节
公共关系人员

学习目标

1. 熟悉公共关系人员的工作原则。
2. 掌握公共关系人员需要具备的基本素质。
3. 熟悉公共关系人员应有的良好的职业道德。
4. 掌握公共关系人员的基本技能。

一、公共关系人员的工作原则

公共关系人员是指专门从事组织机构公众信息传播、关系协调和处理各类公关事务的人员。社会组织开展公共关系的目的，就是树立良好的组织形象和信誉，获得社会的理解和接受，赢得公众的信任和支持，从而争取相互合作，取得共同利益。为了达到这一目的，公共关系人员在公共关系中，必须遵循以下几个原则。

(一)实事求是

在公共关系中，公关人员必须坚持实事求是原则，要以事实为依据，据实、客观、公正、全面地表达并传播信息。公共关系人员要尊重事实，有一说一，有二说二，不夸大；是好说好，是坏说坏，不掩饰；在调查分析中，要秉持客观原则，不以主观意志代替客观事实。

(二)以公众利益为出发点

公众是公共关系工作的“对象”，离开了公众，公共关系就成了无源之水。组织的生存与发展依靠的是公众的信任和支持，所以，公共关系活动必须要以公众的利益为出发点。组织在追求自身利益的同时，公关人员要注意处理好与公众、社会三者之间的关系。

(三)科学指导

公关人员要善于运用科学的方法分析公共关系现象，运用科学的方法考察组织与公众之间的相互作用、考察公众构成及其变化，从而获得具体的材料和数据，对公共关系事务进行科学的判断分析。

二、公共关系人员的基本素质

公共关系人员素质，是指公共关系人员在运用各种传播媒介，实现增强组织机构的生存能力和在公众心目中树立良好形象的目标过程中，所表现出来的知识、个性、作风、素养等基本品质。这些素质不是一成不变的，而是处于不断变化发展之中的。

(一)公共关系的心理素质

公共关系工作是一项专业性很强的工作，对于从业人员的要求很高，公关人员需要具备良好的心理素质。

1. 自信开朗的性格

公关人员需要时常与人打交道，要善于沟通交流，因此，公关人员要有开朗自信的性格，积极地与人交流。公关工作是一项复杂的工作，需要有坚强的意志和坚韧不拔的精神，开朗自信的人更容易拥有这种精神。公关人员在工作中可能会遇到许多危机状态，情绪要比较稳定，还要善于克制自己激动的情绪。由于公关人员代表了社会组织的形象，所以，需要时常把微笑挂在脸上，使自己在面临困难时临危不乱。

公关人员在遭遇困难时，要正视困难、排除障碍，有一种不达目的誓不罢休的品质。既不要轻易受别人的暗示，又不能一意孤行、刚愎自用。要善于根据具体情况的发展变化，围绕工作目的对自己的行动迅速做出正确而果断的选择；要有正视困难、排除障碍、不达目的誓不罢休的坚毅性格；要善于克制因自己的情绪而激发出的内在的冲动，克服一切困难，执行已做出的决定。

2. 兴趣广泛

公关人员的职业特点决定了其要面对不同的公众，必须与各种行业、各方面、各层次的人打交道，如果交往的彼此有共同的兴趣爱好，能使沟通更加顺畅，也更易产生认同感。公关人员应该加强在文学、艺术等方面的学习，使自己有广博的兴趣爱好。

3. 富于想象

任何一个公关方案的诞生都是离不开想象的，公关人员要敢于不断打破思维定式，在一定主客观条件的基础上敢于突发奇想，形成新招数、新点子、新创意，并在实践中检验、运用，形成公关的实际成果。

4. 善于捕捉机遇

公关人员应在广博的知识基础上，具有对新问题、新情况、新事物的敏锐的识别力和捕捉力，并予以充分运用。公关活动需要不断地进行创新策划。在公关市场上，谁能率先捕捉到新机遇，谁就可能出奇制胜，突破旧形象，推陈出新。

5. 活跃、严谨的思维

公关人员的思维活动应当是十分活跃的，应当不循规蹈矩、墨守成规，应当不断出现活跃的思维。同时，各种思维形式与内容之间又必须是严谨的、合乎逻辑的，这样的思维特点才能使公关活动既生动活泼，又严密有序。

 **案例**

“你会坐吗?”一次公关部长聘任考试

一家公司准备聘用一名公关部长，经笔试筛选后，只剩八名应试者等待面试。面试限定他们每人在两分钟内对主考官的提问做出回答。当每位应试者进入考场时，主考官说的是同一句话：“请您把大衣放好，在我面前坐下。”

然而，在进行面试的房间中，除了主考官使用的一张桌子和一把椅子外，什么东西也没有。有两名应试者听到主考官的话以后，不知所措，另有两名应试者急得直掉眼泪。还有一名应试者听到提问后，脱下自己的大衣，搁在主考官的桌子上，然后说了句：“还有什么题?”结果，这五名应试者全部被淘汰了。

剩下的三名应试者，一名应试者听到主考官发问后，先是一愣，旋即脱下大衣，往右手上一搭，躬身致礼，轻轻地说道：“这里没有椅子，我可以站着回答您的问话吗?”公司对这个人的评语是：“有一定的应变能力，但创新开拓不足。彬彬有礼，能适应严格的管理制度，可用于财务和秘书部门。”另一名应试者听到问题后，马上回答道：“既然没有椅子，就不用坐了。谢谢您的关心，我愿听候下一个问题。”公司对此人的评语是：“守中略有攻，可先培养用于对内，然后再对外。”最后一名应试者的反应是，听到主考官的发问后，他眼睛一眨，随即出门去，把候考时坐过的椅子搬进来，放在主考官侧前约一米处，然后脱下自己的大衣，折好后放在椅子背后，自己就在椅子上端坐着。当“时间到”的铃声一响，他马上站起来，欠身一礼，说了声“谢谢”，便退出考试房间，把门轻轻地关上。公司对此人的评语是：“不着一词而巧妙地回答了问题。性格富有开拓精神，加上笔试成绩佳，可以录用为公关部长。”

（王光华：《公共关系案例与实训教程》，北京，中国人民大学出版社，2017）

(二)丰富的知识储备

1. 公关专业知识

公关人员要具备专业的理论基础知识和实务知识，包括公共关系的基本概念、职能作用、公共关系的产生和发展历史、公共关系的相关核心概念和理论，以及实务基本知识，包括公关调研知识、公关策划知识、公关谈判技能、公关传播方法等。尤其是公关危机处理的相关知识，社会组织处在不确定的风险社会中，危机随时有可能来临，如何应对危机，对公关人员是种挑战。

2. 社会学相关知识

公关人员在日常工作中需要对社会组织所处的环境与公众有清楚的了解，需要公关人员进行社会调查。因而公关人员需具备一定的社会学知识，熟悉社会调查的方法与技能。

3. 相关学科专业知识

公共关系与各学科联系密切。因此，公关人员还应该掌握一些相关学科的理论和实践知识，主要包括管理学、传播学、心理学、行为科学、市场营销学、广告学、人际关系学等。此外，公关人员还应时刻了解国家的方针政策、法规、法令，了解相应地区的文化传统、风俗习惯等。涉外的公关人员，还应能够较为熟练地使用外语。

(三)良好的职业道德

很多国家以及国际公共关系组织都十分重视公关人员的职业道德准则，并制定了相关的准则用以规范组织成员的行为。如《国际公共关系道德准则》，很多国家的公共关系组织都采用这一准则。我国也制定了相应的准则。

1.《国际公共关系道德准则》

国际公共关系协会的《国际公共关系道德准则》是 1965 年 5 月 12 日在雅典召开的国际公共关系协会全体大会上通过的，又称为《雅典准则》。其后，经过了多次修订，形成现在的国际公共关系道德准则，共 13 条。具体条款如下：

(1)给人类提供更多更好的道德和文化条件，并享有《联合国人权宣言》所赋予的不可剥夺的权利。

(2)通过加强基本信息的自由流动，建立共同方式和渠道，使组织的每个成员都感到组织始终与他们保持着联系，并增强他们的团队意识和责任心以及与其他成员之间的团结。

(3)牢记由于自己职业与公众的关系，即使是个人行为也会影响外界对整个公共关系行业的评价。

(4)在自己的职业活动中尊重《联合国人权宣言》的道德原则与规定。

(5)尊重并维护人类的尊严，确认各人均有自己作判断的权利。

(6)促使为真正进行思想交流所必需的道德、心理、智能条件的形成，确认参与的各方都有申诉情况与表达意见的权利。

应保证做到：

(7)在任何时候任何场合，自己的行为都应赢得有关方面的信赖。

(8)在任何场合，自己均应在行动中表现出对其所服务的机构和公众双方的正当权益的尊重。

(9)忠于职守，避免使用含糊、可能引起误解的语言，对目前及以往的客户或雇主都始终忠诚如一。

应该避免：

(10)因某种需要而违背真理。

(11)传播没有确切依据的信息。

(12)参加不道德的或不真实的活动，或者可能危害人类尊严与诚实的活动。

(13)使用任何操纵性的方法或技术来创造某种潜意识的动机，从而达到对他人不负责任的伤害行为。

国际公共关系协会强调，该道德准则实施时，可参照1961年在威尼斯通过的《国际公共关系道德准则》(又称《威尼斯准则》)。

2.《中国国际公共关系协会会员行为准则》

2002年12月6日，中国国际公共协会第三次委员代表大会审议通过了《中国国际公共关系协会会员行为准则》，决定于2003年1月1日实施执行，全文如下：

第一章　总　则

第一条　教育、引导原则。为组织机构提供有效的、负责任的公共关系服务，教育社会公众并正确引导公众舆论，以服务公众利益。

第二条　公平、公开原则。以公平、公开的态度对待组织机构、社会公众乃至竞争对手，争取良好的商业环境，促进社会进步。

第三条　诚实、信誉原则。以诚实的态度服务组织机构和公众，准确、真实地传播信息；讲求商业信誉，将公众利益放在首位。

第四条　专业、独立原则。运用专业技术和经验服务组织机构和公众，为组织机构提供客观、独立的建议和服务；通过持续的专业开发、研究与教育来推动本职业的发展。

第二章　行为准则

第一条　信息传播是公共关系服务的基础，唯有准确、真实的信息传播才能更好地沟通组织机构与新闻媒体、政府、公众之间的关系，真正服务组织机构和公众利益。CIPRA会员：

1. 确保信息传播手段和信息内容符合国家法律的有关规定；

2. 应该确保信息传播的完整性、真实性、准确性；

3. 应该兼顾公众利益和组织机构利益；

4. 不应该隐瞒事实真相或欺骗公众，有责任迅速纠正错误的传播信息；

5. 不应该向媒体赠送“红包”或其他形式的报酬，媒体必需的版面费、车马费除外。

第二条　以组织机构利益为导向是本行业赖以生存的基础，应该通过不断完善的专业技术和经验来满足组织机构的需求，帮助组织机构实现既定的目标。CIPRA 会员：

1. 应该诚实地告知组织机构自己的专业能力，说明代理业务的规范流程，提交标准文案，明示收费标准；

2. 代表组织机构与公众沟通时，应该明示组织机构的名称；

3. 服务组织机构时，不应该在媒体上宣传自己和自己的组织；

4. 不应该承诺自己不能直接控制的结果；

5. 不应同时服务两个利益冲突的组织机构，除非在详细陈述事实之后得到组织机构同意。

第三条　专业服务涉及组织机构众多秘密，因此严格保守组织机构秘密和个人信息是获取组织机构信任、保持商誉的根本。CIPRA 会员：

1. 应该保守组织机构过去、现在以及将来的秘密；

2. 应该保护组织机构及其雇员的隐私；

3. 如发现组织机构秘密外泄，有义务向组织机构提示；

4. 严禁利用他人秘密获取商业利益。

第四条　避免现在、潜在的利益冲突可以建立组织机构和公众的广泛信任，是本行业健康发展的基础。CIPRA 会员：

1. 应该做到个人利益服从组织机构利益，组织机构利益服从公众利益；

2. 应该避免因外界因素而引起个人利益与行业利益的冲突；

3. 有责任向组织机构提示可能影响组织机构的利益冲突；

4. 有义务帮助本行业解决可能存在的利益冲突。

第五条　优胜劣汰，唯有保持公平、公开的竞争，才能不断完善健康、繁荣的行业大环境。CIPRA 会员：

1. 应该尊重平等的竞争，避免因竞争而损害竞争对手的行为发生；

2. 应该通过提高专业技术水平和服务品质来增强竞争能力；

3. 严禁采取欺骗组织机构、诋毁竞争对手等手段来取得竞争优势；

4. 有责任保护知识产权，不应将他人的劳动成果据为己有。

第六条　人才资源是行业发展和繁荣的基本条件，只有不断培养和吸收优秀人才进入本行业，才能不断壮大行业队伍，提升本行业在社会的地位。CIPRA 会员：

1. 有义务对其员工进行专业培训，同时将自己的经验和成果与行业分享；

2. 应该允许人才流动，但不得通过猎取人才来争取相关客户；

3. 流动人员应保守原公司的秘密和知识产权(如客户资料等)；

4. 流动人员不得主动争取原公司的客户资源。

第七条　没有行业的繁荣，也就没有个体的利益。每个成员应以不懈努力，创造一个不断发展、繁荣的行业为己任。CIPRA 会员：

1. 应该积极宣传和传播公共关系知识；

2. 应该不断追求专业技术水平的提高；

3. 应该正确诠释成功的公共关系案例或经验；

4. 应该维护和巩固本行业的职业地位；

5. 应该要求下属及相关人士同样遵守本《准则》的有关规定。

第三章　附则

第一条　如果 CIPRA 有足够证据证明某会员在履行其职业义务过程中有违反本准则的行为，该会员将受到 CIPRA 的劝诫、警告、通报以及开除等处罚。

第二条　本《准则》中所指的“组织机构”，即通常所指的“客户”，包括政府机构、企事业单位以及非营利机构。

第三条　本《准则》最终解释权归中国国际公共关系协会。

根据国际和国内公共关系职业道德准则，公关人员还应该有良好的品德。

(1)忠于职守。公关人员代表的是社会组织的形象，要时时刻刻地维护组织的形象，在工作中要忠于职守，对社会组织要始终如一，维护社会组织的正当利益。不泄露社会组织的机密，不恶意地就组织的弱点评头论足。

(2)遵纪守法。公关工作是一项复杂艰巨的工作，要经常性地与政府、媒介、社区等打交道，容易犯错。公关人员要注意在工作中严格按照国家法律法规行事，切不可投机取巧，做有损组织形象的行为。

(3)实事求是。公关工作必须要“讲真话”，不传播虚假信息，工作中做好这一点既是公共关系人员对公众的尊重，也是维护社会组织良好信誉的保证。

(4)吃苦耐劳。公关工作是一项工作量大、工作复杂的工作，需要公关人员有吃苦耐劳、坚韧不拔的好品格。

三、公共关系人员的基本技能

公共关系工作是一项专业性强的工作，因此，合格的公关人员，不仅应具备一定的基本素质，还要具备一定的专业技能。从公共关系工作角度出发，公关人员应具备以下工作能力。

(一)组织管理能力

公关人员的组织管理能力主要表现在落实和实施公共关系计划、方案过程中所需要的组织与控制能力，也就是能有效控制公关计划、方案的实施过程，排除可控因素干扰，保证最大限度地实现公共关系目标。公关人员在进行记者招待会、新闻发布会、展览会、开放日等公关活动时，也需要有良好的组织管理能力，以保障活动有条不紊地进行，从而树立组织良好信誉和形象。

(二)信息收集处理能力

收集、处理、传播信息是实现公共关系目标的手段和途径，也是公关人员的主要工作内容。因此，公关人员必须具备收集处理信息的能力，及时、准确地收集处理信息，为组织决策提供依据。所谓及时，是指信息的传递速度要快、要及时，不及时的信息是无价值的。所谓准确，是指原始信息和加工信息，都要准确反映客观实际情况，这样才能保证组织领导能够做出正确的决策。

(三)社交能力

社交能力是进行交往、联络公众的能力，是公关人员广结善缘，搞好各方关系，争取公众理解、支持的基本条件。一个公关人员只有具备较强的社交能力，才能在任何场合中应付自如。公关人员如果社交能力低下，不仅会影响个人的行为效果，还会影响组织的声誉和形象。

社交离不开语言和文字，公关人员为了收集信息、传播信息、处理与公众的关系，一时一刻也离不开语言和文字表达。因此，公关人员不仅要能说会道，善于运用语言来表达思想、感情和观点，而且要具有一定的文字表达能力，能说会写是公关人员的两项主要技能。

(四)创新能力

创新能力是通过观察研究周围环境和组织内部经营活动之间的关系，发现差距、漏洞、裂痕、缺陷等，进而提出独特的解决方法，最终得到一个新结果的过程。公关人员在开展公关活动时，只有不断想出新颖的办法、奇特的方式，才能满足公众求新、求异的心理需要，取得公众的支持。这就需要公关人员解放思想，打破常规思维，标新立异。

(五)谈判能力

所谓谈判，就是彼此间有利害关系的双方或多方寻求一致而进行洽谈、协商的一种行为。公共关系的主要对象是与组织相关的公众。当组织与公众发生误解时，为了平息争端、协调关系，继续得到公众的信任支持，就需要谈判。公关人员要胜任谈判工作，就需要有一定的辩论和谈判能力。公关人员的谈判能力主要表现在：具有沉着冷静的思维，随机应变的技巧，运筹帷幄的胸怀，能言善辩的口才，幽默大方的性格，平易近人的态度等。公关人员有了较高的谈判能力，不仅能在谈判中应对自如，取得谈判的成功，而且能树立和维护组织的形象。

练习题>

一、简答题

1. 按照社会功能划分，社会组织如何分类?

2. 简述内部公关部门的职能。

3. 简述公关人员的心理素质。

二、实训题

假设你是一个企业的公关部部长，你将如何组建你的公关部?选拔公关部成员的标准是什么?

第三章

公共关系的客体

本章概述

社会组织开展公共关系工作的对象就是各种不同的社会公众。公众是与社会组织利益相挂钩，相互影响、相互作用的个人、群体或组织，是公共关系的客体。社会组织的发展离不开公众的信任与支持。因此，只有对公众的特征、如何对公众进行分类有基本的了解，并掌握公众的心理，才能够有针对性地进行公共关系工作。

结构图

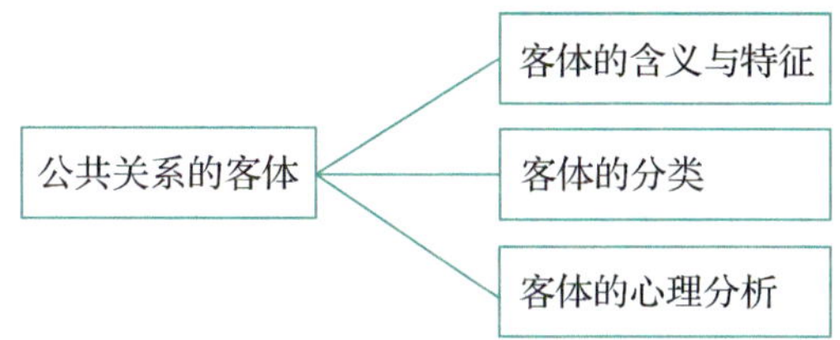

本章要点

1. 客体的特征。
2. 客体的分类。
3. 客体的心理倾向。
4. 客体的心理定式及运用。

本章难点

客体的心理定式及运用。

第一节 客体的含义与特征

学习目标

1. 掌握客体的含义。
2. 掌握客体的特征。

一、客体的含义

公共关系客体是指与公共关系主体发生某种关系的个人、群体、社会组织，即常说的“公众”，是社会组织存在和发展的基础，是组织公共关系工作的对象。公众不是一盘散沙，而是具有某种内在共同性的群体，其存在不是单一的，而是复杂多样的，不是封闭僵化、一成不变的，而是开放的，处于不断变化发展的过程之中。公关关系实际上是组织和公众之间的互动关系。公共关系的实际内容就是用各种不同的方法维持组织机构和社会公众之间的良好关系。

在公共关系活动中，不同客体处于不同的地位，起着不同的作用。公众通过舆论或其他手段可促进或阻碍公共关系主体的发展。公众在公共关系中的作用表现在以下三个方面。

(一)公众是公关主体开展公共关系活动的依据

公共关系调查、公共关系策划、公共关系活动的实施、公共关系效果的评估是公共关系活动的主要内容。这四个内容都包括工作计划与内容的制订、工作方法的选择、工作对象的确定等具体工作。这些工作的开展，除了要依据组织的总目标、总任务和具体目标与任务之外，还必须依据组织相关公众的实际情况，使公共关系工作有的放矢、公共关系活动有效开展，因此，公众是开展公共关系活动的依据。

(二)公众是促成公共关系双向互动的前提

公共关系过程既是组织与公众双向信息沟通的过程，又是组织与公众相互影响、相互作用的互动过程。在这一过程中，面对组织的影响，公众可以接受组织的影响，积极响应组织的要求，也可以采取不利于组织的行为，减弱甚至抵消组织的影响，从而阻碍双向互动的进程。因此，对组织来讲，赢得公众的支持与配合是有效组织公共关系的前提条件，而充分了解公众功能、准确把握公众是至关重要的。

(三)公众是提高公共关系成就的保证

面对竞争日益激烈的经济发展局面，提高工作成效是组织获得竞争力的有效保证。提高社会组织公共关系成效意味着在公共关系活动过程中，要在较短时间内投入较少的人力、物力和财力，取得较大的公共关系工作成效，以尽量少的成本，获得尽量多的收益。这既要求组织自身不断努力，又需要广大公众支持与配合。一方面要求组织了解公众，正确认识和把握公众，增强公关工作的针对性和有效性；另一方面要求组织密切与公众的联系，促进与公众间的沟通，更广泛地得到公众的支持与配合，避免或减少公众中不利于组织发展的言行产生。

因此，公众在公共关系中具有非常重要的地位与作用，公共关系活动的有效开展有赖于组织了解公众、认识公众、正确把握公众的地位与作用。

二、客体的特征

（一）同质性

同质性是指公众由于某种共同的爱好或共同的利益而组织聚集在一起，从而发生的内在联系。如某空调厂商由于空调质量问题而导致消费者的体验感不佳，使这些购买空调的原本互不联系的人由于空调质量问题而联系在一起，对这家空调厂商形成一定的公众压力。于是这些消费者就形成了某一时期的特定公众。

（二）互动性

互动性是指公众和特定组织之间的相互影响关系，主要表现在：公众的利益、意见、行为会影响组织目标的制定以及组织的发展。组织的目标制定、决策行为又会影响公众的利益、行为。组织的发展有赖于与公众之间不断互动沟通、交流信息，例如，可乐公司决定生产新型带甜味的可乐在顾客群中引起强烈不满，这种公众舆论立即迫使可乐公司慎重考虑其决策。

（三）多变性

组织与公众的联系是处在不断变化和发展中的，公众是由于各自的利益而聚集在一起，一旦共同的利益问题得到了解决，公众就会变化，甚至是出现新的公众。公众不是一成不变的，它是处于不断变化发展的过程之中，会随着主体条件、客观环境的变化而变化，会导致公共关系目标、方针、策略、手段的变化。公众的数量、公众的性质、公众的发展阶段都会随着环境而产生改变，因此，公关工作要随时进行调整。

（四）相关性

个人、群众被称为某个组织的公众，说明他们有一定的相关性。每一个社会组织都有属于自己的公众群体，他们的意见、观点、态度和行为对该组织的目标和发展，具有实际或潜在的影响力、制约力，甚至决定组织的成败。同样，该组织的决策和行为也对公众具有实际或潜在的影响力、作用力，制约着他们利益的实现、需求的满足和问题的解决等。寻找公众、确定公众其实就是寻找和确定这种相关性，并把它们具体的联系揭示出来，分析清楚，从而确定自己的工作目标。

从同质性、互动性、多变性、相关性方面来把握公众的特征具有重要的意义，能够正确区分群众与公众之间的区别，避免公关工作的盲目性。

第二节
客体的分类

掌握客体的分类。

一、根据组织机构内外部划分

(一)内部公众

内部公众主要是组织内部的领导及所有员工，在实行股份制的企业，还包含股东等。内部公众一般与组织有着归属关系，又是组织外部公共关系工作的主体，他们是公共关系所协调的最重要的公众之一，组织的生存和发展离不开内部公众的行为。人们对公众常常有一种误解，认为只有组织外部的公众，殊不知组织内部的公众也是非常重要的一种公众。如果组织中的员工都与组织离心离德，那组织也将会崩溃。如何协调好内部公众的关系，是公共关系环节中最重要的环节之一，同理，股东也是组织的“自家人”，只有争取到股东的支持与信任，才能创造出良好的投资环境与融洽的氛围。

(二)外部公众

外部公众是指组织外的各类公众群体及个人，他们对组织的发展和生存有着潜在的影响，直接影响着组织的利益。随着科学技术的发展，社会组织的生产和发展越来越依赖于外部环境，因此社会组织不仅要处理好内部公众关系，还要处理好外部公众关系，以争取外部公众的支持，从而建立良好的外部公众环境，建立组织的信誉，塑造良好的形象。外部公众比较庞大，对于一般组织来讲，外部公众有消费者、社区居民、政府部门、合作伙伴、新闻媒介、同行组织等。他们虽然不如内部公众那样与组织有直接、密切的联系，但由于其数量大，复杂情况多，因此也需要对他们作进一步的分类，并开展相应的公共关系工作。

二、根据对组织的重要程度划分

(一)首要公众

首要公众是指与组织的关系密切，关系到组织存亡的公众，所有组织的员工、顾客等都是组织的首要公众。由于首要公众是组织生存和发展的基础，因此组织应该付出时间、人力、物力、财力来维持与改善这类公众的关系。

(二)次要公众

次要公众是指对组织的生存和发展有一定影响但无决定性意义的公众，包括组织目标消费群体以外的消费者；为组织提供各类服务的相关单位，如新闻机构、发行部等。次要公众的重要程度虽然不如首要公众，但从辩证角度和发展观来看，今天的次要公众可能明天就会成为首要公众。所以组织在处理好与首要公众的关系的同时，还要努力调整好与次要公众的关系。

三、根据公众与组织的发展阶段划分

(一)非公众

非公众指与组织无关，其观点、态度和行为不受组织的影响，也不对组织产生作用的公众群体。一般来说，任何组织都存在一些“非公众”，组织如果能及时了解这类人的情况，就能够减少人力、物力、财力的浪费，减少公关工作的盲目性，提高公共关系工作的效率。非公众可能发展成潜在公众。

(二)潜在公众

潜在公众即由于潜在公共关系而形成的潜伏公众、隐患公众，或未来公众。这类公众已经与组织产生联系但自己尚未认识到，一旦潜在公众关系暴露，这类公众就能成为知晓公众和行动公众。针对潜在公众，组织要未雨绸缪，有目的地调整计划，引导事物向好的一方发展。如一家生产空调企业，生产了一万台质量不过关的空调，一万个消费者买了这些空调。六个月后空调出现了故障，但这一万名消费者并未意识到。此时，这一万名消费者就是空调企业的潜在公众。

(三)知晓公众

知晓公众即已经知晓自己的处境，明确意识到自己面临的问题与特定组织有关，迫切需要了解有关信息，但尚未采取行动的公众。针对知晓公众所面临的问题，组织应及时采取相应的措施使知晓公众与组织相互沟通，相互理解，以减少其对组织的消极影响。

(四)行动公众

行动公众即已采取实际行动，对组织构成压力，并迫使组织采取行动的公众群体。这类公众对组织的生存和发展有极大影响，还会对组织造成极大的威胁。对这类群体开展工作，比潜在公众和知晓公众的难度更大。

从非公众到行动公众是一个连续的过程。公关人员在工作过程中应力图避免将非公众列入工作对象，原则上尽量不使各类公众向下一步发展，尤其在公众发展成为知晓公众时，应采取一切措施改变公众的态度，不使其发展为行动公众。

四、根据公众对组织的态度划分

(一)顺意公众

顺意公众指对组织的政策、行为和产品等持支持赞赏态度的公众。这类公众对组织生存和发展意义重大，是组织实现目标的重要基础，如企业的合作伙伴、忠实的消费者等。顺意公众是组织的支持者，顺意公众越多，组织公关状态越理想，因此组织要设法保持和扩大组织的顺意公众的数量。

(二)逆意公众

逆意公众指对组织的政策、行为和产品持否定意向的公众。逆意公众的形成通常有两种原因，一是组织的政策、行为不当，危害了公众利益，或者组织和公众之间价值取向有差异致使组织和公众在利益上存在冲突。二是沟通不畅导致公众对组织的政策产生了误解。逆意公众越多，公关越不理想，组织公关人员应慎重对待，客观、冷静地分析，及时找到逆意公众反对组织的根本原因，通过公共关系工作，逐步让其转变态度。

(三)中立公众

中立公众又称边缘公众，居于顺意和逆意之间。他们对组织的政策、行为和产品等既不持肯定态度，也不持否定态度，属于意向不明朗的公众对象。对中立公众，组织要高度重视，它既可以转化为顺意公众，又可以转化为逆意公众。因此，如何将中立公众转化为顺意公众是组织公关的一个重要问题。

五、根据组织对公众的态度划分

(一)受欢迎的公众

受欢迎的公众指组织盼望与其建立和发展关系，对方也主动对组织表示兴趣和沟通意向的公众对象。组织与这类公众一般不存在沟通上的问题，例如，学校的赞助者、用人单位的招聘者、慕名而来的顾客等。针对这类公众，公共关系的任务就是要维系和加强这种相互重视，保持密切的合作关系。

(二)不受欢迎的公众

不受欢迎的公众指组织不愿接触、力图躲避，但对方想建立和发展关系并穷追不舍的公众。如恶意采访者、频繁上门推销商品的人、强行拉赞助的人等。对不受欢迎的公众组织应表明自己的观点，并设定一定的障碍与他们保持距离，尽量减少他们对组织构成的威胁。

(三)被追求的公众

被追求的公众指组织单方面想要建立关系，而对方缺乏相应的热情，需要组织去努力争取的公众。组织要设法与这类公众建立相对畅通的沟通渠道，例如，政府部门、新闻媒体记者、社会名流等。组织赢得这类公众的好感，对组织的长远发展非常有利。

六、根据公众的组织结构划分

(一)个体公众

个体公众是指相互间没有紧密联系，处于无组织状态的公众。个体公众以个人作为意见、态度和行为的表述者，以个体形式与公关主体发生联系。例如，商场的个体消费者等。

(二)组织公众

组织公众是指以一定的组织形式出现，其言谈和举止代表着其所在的组织，与公关主体相互交往的公众团体。例如，某一单位到医院体检就成为医院的组织公众。此外，根据组织权利的性质，组织公众又可分为一般社团型公众和公共权利型公众。社团型公众指一般的组织机构，公共权利型公众指政府及各类行政管理机关。

七、根据公众的稳定程度划分

(一)临时公众

临时公众指因某一临时问题、突发事件、专题活动等而出现的公众，如因飞机航班晚点而滞留机场的乘客等。现代组织应具备应付临时公众的能力，妥善解决因为临时公众带来的问题，使其朝着有利于组织的方向发展。

(二)周期公众

按一定的规律和周期间断性出现的公众，如某旅游景点旺季旅游的乘客等。周期公众有较强的规律性，可预测，组织要对其制订计划和安排，将一部分周期公众转化为稳定公众。

(三)稳定公众

稳定公众指和组织主体具有长期稳定关系的公众群体，如组织的 VIP 用户、社区居民等，这类组织由于工作性质、兴趣爱好、习惯的影响，是组织的基本公众，与组织的发展密不可分，他们的忠诚度关系到组织在行业里的竞争力。组织可对这类公众采取额外的优惠政策和特殊的保障措施，把扩大稳定公众作为公关工作的重要目标。

临时公众、周期公众和稳定公众的划分是组织制定临时对策、周期对策和稳定策略的重要依据。

公众的分类还有一些其他方法，例如，按公众的功能划分可分为生存性公众、功能性公众、协作性公众、扩散性公众，在此不一一列举。如何从公众的角度来做公共关系工作，不仅是一种严密的科学，更是一种巧妙的艺术。

第三节
客体的心理分析

学习目标

1. 了解客体的心理倾向。
2. 掌握客体的心理定式。

一、客体的心理倾向

（一）客体的需要

需要就是人对某种目标的渴求或欲望，是人的行为的动力基础和源泉，是人脑对生理和社会需求的反映，心理学家也把促成人们各种行为动机的欲望称为需要。人为了生存就要满足自己的生理需要，如饿了就需要食物，冷了就需要衣服，累了就需要休息等。人为了生存和发展还必然产生社会需求，例如，通过劳动创造财富，改善生存条件；通过人际交往，沟通信息、交流感情、相互协作。人有了生理需求和社会需求后就必然去追求、去争取、去努力。正如一些心理学家所说："需要是积极性的源泉。""需要是人的思想活动的基本动力。"因此，组织了解公众的需求、正确分析公众的需求，对于公共关系工作有指导性的意义。

（二）客体的兴趣爱好

兴趣是个人力求接近、探索某种事物和从事某种活动的态度和倾向，亦称"爱好"，是个性倾向性的一种表现形式。一个人对某事物感兴趣时，便会对它产生特别的注意。兴趣作为一种意识倾向和内心要求，不是先天就有的，而是在人们需要的基础上，由于对某种事物的了解和反复接触而产生的；不是靠外界强制力量形成的，而是出于个人的强烈愿望建立和发展起来的。

人们的兴趣表现形式是多种多样的，一般有广泛和狭隘、短暂和持久之分。兴趣的内容也是多种多样的，有正当的兴趣与不正当的兴趣、低级庸俗的兴趣与高雅积极的兴趣等差异。它是引起和维持注意力的一个重要因素，同时它受社会条件、人生观、价值观的影响。因而公关人员要善于观察、从细微之处发现公众在不同的时间地点的不同兴趣爱好，从而提高公关工作的有效性。

(三)客体的价值观

价值观是基于人一定的思维感官而做出的认知、理解、判断或抉择，也就是人认定事物、辨别是非的一种思维或取向，从而体现出人、事、物一定的价值或作用。在阶级社会中，不同阶级有不同的价值观念。它具有稳定性和持久性、历史性与选择性、主观性的特点。其作用大致体现在三个方面：一是对动机有导向的作用，人们行为的动机受价值观的支配和制约，对动机模式有重要影响。二是同样客观条件下，具有不同价值观的人，其动机模式不同，产生的行为也不相同，动机的目的方向受价值观的支配，只有那些经过价值判断被认为是可取的，才能转换为行为的动机，并以此为目标引导人们的行为。三是反映人们的认知和需求状况。公关人员要学习全面的知识、适应不同价值观的人，求同存异，加强公关工作的针对性，以获取更多公众的支持。

(四)客体的决策习惯

客体的决策习惯会受到社会环境和决策者个人因素的影响。

1. 社会环境

社会环境之所以会对客体决策产生影响，是因为环境总是处于不断变化中。在现实生活中，不存在静止不变的环境，而是会随时变化，如新企业不断出现、老企业不断发展或消亡，人们收入水平与消费层次不断提高，科学技术飞速发展，新法规颁布实施，新政策不断出台等。组织通过环境研究不仅能了解现在，更重要的是能预测未来。组织的社会环境一般包括以下几个方面。

(1)政治环境，包括社会的一般政治气氛、政权集中的程度等。

(2)经济环境，包括社会的经济发展状况、财政政策、银行体制、投资水平、消费特征等。

(3)法律环境，包括法律的性质、关于组织的组成及控制方面的特殊法律。

(4)科技环境，包括与组织生产相关的技术、工艺等科技力量。

(5)社会文化环境，包括人力资源的数量、性质，教育科学文化水平，民族文化传统，社会的伦理道德、风俗习惯、价值取向等。

(6)自然环境，包括自然资源的性质、数量和可利用性。

(7)市场环境，包括市场的需求状况、发展变化的趋势等。

2. 决策者的个人因素

在决策活动中起决定作用的是决策者个人。个人的知识与经验、战略眼光、偏好与价值观、对风险的态度、个性习惯、责任和权力等都会直接影响决策的过程和结果。以消费者的购买行为为例，有理智型、冲动型、习惯型等几种决策倾向。作为企业，要与各种各样的消费者打交道，如果能及时判断出消费者的购买行为，则有利于交易的成功。从公关的角度，作为公关主体的社会组织，应针对不同收入水平、不同职业、不同文化程度，以及不同性别和年龄的消费者，采取不同的积极主动的公关策略，不失时机地引导和推动消费者的需求。

二、客体的心理定式

心理定式就是心理上的“定向趋势”，是人们在特定对象(人或物)发生认知、行为和各种社会关系时所存在的一种心理上的准备状态。依据公关人际传播的实际情况，人们的心理定式集中体现在微观心理定式层次，其主要有：刻板印象、首因效应、近因效应、晕轮效应、移情效应等。

(一)刻板印象

刻板印象指人们对某一类人或事物产生的比较固定、概括而笼统的看法。积极的一面表现为，在对于具有许多共同之处的某类人在一定范围内进行判断，不用探索信息，直接按照已形成的固定看法即可得出结论，简化了认知过程，节省了大量时间、精力，使人们能够迅速了解某人的大概情况，有利于人们应对周围的复杂环境。消极的一面表现为，在被给予有限材料的基础上做出带普遍性的结论，会使人在认知时忽视个体差异，从而导致知觉上的错误，妨碍对他人做出正确的评价。

依据认知内容和对象的不同，刻板印象可以分为性别刻板印象、地区或种族刻板印象、外表刻板印象、性倾向刻板印象、喜好刻板印象、政治刻板印象、年龄刻板印象等。

(二)首因效应

首因效应指最初接触的信息所形成的印象对人们以后的行为活动和评价的影响。人与人第一次交往中给人留下的印象，在对方的头脑中形成并占据着主导地位，这种效应即首因效应。首因效应也叫首次效应、优先效应或第一印象效应。

首因效应是一个妇孺皆知的道理，心理学家认为，由于第一印象主要是性别、年龄、衣着、姿势、面部表情等“外部特征”，一般情况下，一个人的体态、姿势、谈吐、衣着打扮等都在一定程度上反映出这个人的内在素养和其他个性特征。

但是，“路遥知马力，日久见人心”，仅凭第一印象就妄加判断，以貌取人，往往会带来不可弥补的错误。《三国演义》中凤雏庞统当初准备效力东吴，于是去面见孙权。孙权见到庞统相貌丑陋，心中先有几分不喜，又见他傲慢不羁，更觉不快。最后，这位广招人才的孙仲谋竟把与诸葛亮齐名的奇才庞统拒于门外，尽管鲁肃苦言相劝，也无济于事。众所周知，礼节、相貌与才华无必然联系，但是礼贤下士的孙权尚不能避免这种偏见，可见第一印象的影响之大。

(三)近因效应

近因效应指当人们识记一系列事物时对末尾部分项目的记忆效果优于中间部分项目的现象。信息前后间隔时间越长，近因效应越明显，原因在于前面的信息在记忆中逐渐模糊，从而使近期信息在短时记忆中更清晰。

与首因效应相反，近应效应是指在多种刺激一次出现的时候，印象的形成主要取决于后来出现的刺激，即交往过程中，对他人最近、最新的认识占了主体地位，掩盖了以往形成的对他人的评价，也称为“新颖效应”。多年不见的朋友，在自己脑海中印象最深的其实就是临别时的情景；一个朋友总是让你生气，可是谈起生气的原因，大概只能说上两三条，这也是一种近因效应的表现。

受近因效应的影响，有的思想政治工作者往往改变原有看法，做出错误判断，比如，有的企业组织一直软弱、涣散，最近因某职工见义勇为受到媒体和上级的表扬，就被认为一贯重视思想政治教育，用近期一时一事来肯定或否定一个企业的全面工作，很容易片面、失误。

(四)晕轮效应

晕轮效应指在人际交往中，人身上表现出的某一方面特征掩盖了其他特征，从而造成人际认知的障碍。在日常生活中，“晕轮效应”往往在悄悄地影响着对别人的认知和评价。如果认知对象被标明是“好”的，他就会被“好”的光圈笼罩着，并被赋予一切好的品质；如果认知对象被标明是“坏”的，他就会被“坏”的光环笼罩着，他所有的品质都会被认为是坏的。晕轮效应是在人际相互作用过程中形成的一种夸大的社会现象，正如日月的光辉，在云雾的作用下扩大到四周，就如同一个光环。常表现在一个人对另一个人的最初印象决定了他的总体看法，而看不准对方的真实品质。

有时候晕轮效应会对人际关系产生积极作用，比如，如果你对人诚恳，那么即便你能力较差，别人对你也会非常信任，因为对方看见了你的诚恳。而晕轮效应的最大弊端就在于以偏概全，最典型的例子，就是当看到某个明星在媒体上爆出一些丑闻，大家时总是很惊讶，而事实上社会公众心中这个明星的形象根本就是他在银幕或媒体上展现给大家的那圈“月晕”，他真实的人格社会公众是不得而知的。

(五)移情效应

移情效应是指人们在对对象形成深刻印象时，当时的情绪状态会影响他对对象今后及其关系者(人或物)的评价的一种心理倾向，即把对特定对象的情感迁移到与该对象相关的人或事物上，引起他人的同类心理效应。

我国古代早就有“爱人者，兼其屋上之乌”之说，就是移情效应的典型表现。意思是说，因为爱一个人而连带爱他屋上的乌鸦。后人以“爱屋及乌”形容人们爱某人之深情，心理学中把这种对特定对象的情感迁移到与该对象相关的人或事物上来的现象称为“移情效应”。如请社会名人拍商品广告而产生的“名人效应”，就是一种典型的移情效应。

设法把公众对名人的情感迁移到自己的产品上来，或是迁移到自己企业的知名度上来，是公关活动中常用的手段。公关人员应当“投其所好”，针对公众的兴趣、爱好开展宣传活动，使公众喜欢自己、信任自己、帮助自己。

三、心理定式的利用方法

(一)顺应公众的一般心理需求

定式是一种完整的心理状态，它是个体在所处的特定情境下，由生活经验和生理、心理需要的激发，为实现行为目标而形成的心理准备状态。组织的行为是有一定目标的、自主性的，而公众心理是自发的、无组织的、潜在的。一个组织的公关活动只有顺应公众心理需要及其变化，得到公众的信任和支持，才能取得真正的成功。公关人员要及时了解公众的社会文化背景，从而了解公众心理，及时顺利地开展公关工作。

(二)把握公众的特殊心理需求

组织的行为顺应了公众的一般心理需求后，并不必然被公众所接受。这是因为公众并不是被动接收，公众在接收过程中各有其不同个性心理特征及各自特殊的心理需求。公众会有意无意地选择与自己观点相一致的信息，回避或无视相反的信息，从而进行选择性记忆。大多数情况下，公关人员只有迎合公众的心理需求才能取得公关工作的成功。

(三)正确引导公众

了解了公众的心理定式和特殊心理需求，应从公众的立场出发，正确引导公众。如公众在消费过程中有时会出现很大的盲目性，作为企业或组织，应该以实事求是的态度面对公众，想公众之所想，正确引导公众建立合理的消费观。

练习题>

一、简答题

1. 根据组织内外部对公众进行划分。

2. 客体的决策习惯受哪些因素影响？

二、论述题

简述客体的心理定式。

三、实训题

为你熟悉的社会组织列举三种不同类型的公众。

第四章

公共关系工作程序

本章概述

为了使公共关系活动能够顺利开展，公共关系工作需要制定一套完整的工作程序，保证公共关系工作能够有条不紊地进行。公共关系工作大致可分为四个步骤——调查研究、组织策划、精准实施、效果评估，通常也称之为公共关系的“四步工作法”。在公关工作的四步程序中，“调查研究”是前提和基础，要求全面准确；“组织策划”是核心和重点，要求有效独特；“精准实施”是主体和难点，要求到位高效；“效果评估”是保障和反馈，要求及时简洁。

结构图

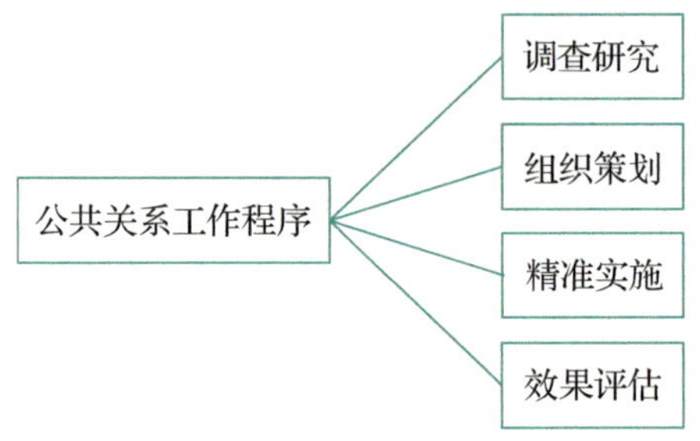

本章要点

1. 调查研究的方法、步骤。
2. 调查问卷的制作。
3. 调查报告的撰写。
4. 组织策划的方法与步骤。
5. 公关策划书的撰写。
6. 精准实施的影响因素。
7. 效果评估的标准与方法。
8. 评估报告的撰写。

本章难点

1. 调查问卷的制作。
2. 调查报告的撰写。
3. 公关策划书的撰写。
4. 评估报告的撰写。

公共关系作为社会组织一种特定的“系统工程”，常常由一系列公共关系工作构成，即公共关系调查研究、组织策划、精准实施、效果评估，通常称之为公共关系的“四步工作法”。只有在科学的策划谋略和策划意识指导下，严格遵循公共关系的操作程序，高瞻远瞩，深谋远虑，运筹帷幄，才能开展符合要求的公共关系活动。

第一节
调查研究

学习目标

1. 掌握调查研究的方法、步骤。
2. 掌握调查问卷的制作。
3. 掌握调查报告的撰写。

一、调查研究的作用

（一）是社会组织与社会公众沟通的桥梁

调查，指的是为了解实际而进行考察。在这里，我们通常把它归结为信息收集的一套方法，其主要目的就是了解客观环境态势，把握公众舆论，来达到对公共关系状态的一种假设。公共关系活动的一个重要手段就是大众传媒，通过将信息快速、准确地传播给公众，来达到组织自身的目的。而如何传播、何时为传播的最佳时机、向谁传播才会产生效果等，则必须先开展调查，调查社会公众对组织的看法，对产品形象的认同，这样才能有的放矢，进行准确传播。所以公共关系调查通过了解公众和研究公众，使传播沟通的职能真正实现信息的双向流动，从而使组织和公众之间联系的桥梁更加牢固、有效。如果组织只是进行传播，缺乏对公众的了解和研究，组织与公共的关系就难以建立，很难建立起双向流通。在开展公共关系活动之前进行有效的调查，公共关系传播才有针对性，才能收到比较理想的效果。

（二）是社会组织科学决策的依据

调查主要任务是为组织提供决策依据，保证组织决策的正确性。调查研究所能提供的信息是组织做出正确决策的前提。调查研究作为一种系统的信息收集方法，可以有效地减少决策过程中的不确定因素。组织要开展活动的策划与安排，就需要保证公共关系活动的科学性和准确性，以有效地减少决策过程中的不确定因素。公共关系活动策划是对未来一定时间内公关活动的规定与安排，要保证公关活动的科学性和准确性，必须对组织过去和现在的各种公关活动有一定的了解。而且，社会组织是整个社会大系统中的一部分，它与社会环境之间有着密切的关系。社会环境在政治、经济、文化、科技等方面的变化，都将对社会组织的生存、发展产生影响。所以只有通过公关调查，找出影响公关计划实施的各种因素与变量，发现存在的具体问题，以便在制订公关活动时心中有数，才可能制定出科学的决策，公共关系活动才有针对性和有效性。

(三)是社会组织预防危机和消除隐患的工具

由于社会环境因素的可变性，社会组织很可能会因此而诞生“危机”事件，“危机”事件一旦产生，如果社会组织不及时处理，处理方式不当，就很有可能会造成巨大的损失。对于组织而言，“危机”的产生有一定的偶然性，但究其实质，又表现出一定的必然性，它是组织中某些问题长期得不到解决的结果。如果公关人员在“危机”事件出现之前展开过充分的调查，就会一定程度上清楚本组织所存在的一系列问题，而这些问题到底是组织管理的隐患或其他急需解决的事情，就需要在公关活动中重点关注，通过努力使问题得以解决，从而消除组织管理的隐患，以完善组织的行为。以某企业在社会上遇到的信誉危机为例，当其出现信誉危机时一定有前期征兆，如果在危机出现前进行调查，了解危机产生的原因，并将其及时化解，就不会给组织带来损失，或者只带来很小的损失。如果没有前期调查，一旦危机出现，轻则对组织形象造成不良影响，重则会导致组织破产倒闭。

(四)是社会组织明确公共关系工作目标的前提

公关人员在尚未进行公共关系调查前所制订的公共关系目标与经过调查后确定的目标常会有一定的差异。经过调查以后确定的公共关系目标和制订的公共关系计划，更符合社会组织的环境和公众实际，因此也更能收到良好效果。组织要想公共关系工作能取得实效，必须知己知彼，从深入调查中了解公众对组织的态度、意见、建议，确定组织公共关系的工作重点。

(五)是社会组织塑造良好形象的手段

公共关系调查处于社会这个大系统中，对系统具有积极的能动作用。通过与公众的双向交流，对传播良好的组织形象有直接作用。进行公共关系调查，社会公众会有着极其强烈的参与感，因此调查活动本身就会在公众心目中留下了良好的印象。此外，公共关系调查是一项广泛了解信息的活动，公关人员通过与社会各层次公众的接触，传播组织信息，担负组织形象，能更好解决调查中所出现的问题。同时，通过调查不仅可以定性地说明一个组织在其公众中的形象，而且可以定量地描述出组织形象、地位的高低，以及组织形象横向、纵向的差距，从而对组织形象进行准确定位。

二、调查的方法

公共关系调查的方法指用以保证公共关系调查研究目的顺利实现的途径、方式、手段、措施等，其对于公共关系调查研究任务的顺利完成具有极其重要的作用。

(一)普遍调查

普遍调查是指对一定的调查总体范围内的所有对象进行毫无遗漏的逐个调查，以达到准确无误地了解总体情况的一种基本方法。普遍调查的特点是获得资料全面、系统，时间、人力、资金耗费大，涉及面广。如果某一个环节出现问题，将会直接影响统计资料的准确性和可靠性，所以公共关系调查一般不采用普查法。

(二)典型调查

典型调查是根据调查目的和要求，在对调查对象进行初步分析的基础上，有意识地选取少数具有代表性的典型单位进行深入细致的调查研究，借以认识同类事物的发展变化规律及本质的一种非全面调查。典型调查的形式灵活多样，省时省力，节约经费。因此，在公共关系调查中，经常使用这种方法。运用这种方法的关键是选好典型，选择的典型必须能够基本代表总体，否则将会失去调查的意义。

(三)抽样调查

抽样调查是从全部调查研究对象中，抽选一部分单位进行调查，并据以对全部调查研究对象做出估计和推断的一种调查方法。抽样调查的特点：一是必须遵循抽样的随机性原则；二是由样本推断总体的准确性高，可靠性大；三是误差可以事先计算并加以控制；四是省力、省时，节约费用。因此，公关调查与分析中经常采用这样的方法。

(四)个案研究

个案研究是以某一社会组织作为对象，就某个社会现象或某种社会问题进行深入的调查与分析，以求解释现象，查明原因，给予明确的诊断或解决办法。个案调查对研究对象调查得深入细致，有利于问题的解决，但结论不宜推广。在公共关系工作中，常见的个案研究有公共关系纠纷、重大事故、伤残抚恤个案等。

(五)问卷调查法

问卷调查是指为统计和调查所用的、以设问的方式表述问题的一种调查方式。问卷调查法就是研究者用这种控制式的测量对所研究的问题进行度量，从而搜集到可靠的资料的一种方法。一是自填问卷，即把问卷分发给每个调查对象，自行填写，并定期收回；二是访问问卷，也称调查表，是由调查人员依照事先编好的问卷逐项征询和记录调查对象的回答。无论是自填问卷或访问问卷，在设计过程中都要注意：一是征答的题目要有明确的答案，不能在含义上模糊不清，一般在题目之后附有几个备选答案，供调查对象选择；二是限定答题的范围，即规定答题的选项多少；三是限定答题的时间；四是在问卷上做好答题说明。

(六)观察法

观察法是指运用视觉器官或检测仪器，有目的、有组织、有计划地直接收集信息。例如，到商店观察商品供销的情况，消费者喜欢什么样的花色和品种等。观察法是收集非语言资料的极为有效的方法，通过观察公众的实际活动，能够真实地反映公众的内心世界，不受各种环境影响而产生偏差。因此，公关调查经常采用这种方法。

三、调查的步骤

要把握公共关系调查的内涵，还必须了解公共关系调查的过程，它是由四个相关的基本步骤组成的。

(一)确定调查任务

确定调查任务是公关调查准备阶段的首项工作。首先是选择调查课题，调查课题关系着整个调查的总方向、总水平，制约调查的全过程，决定着调查成果的价值效用，所以选题要具有针对性、开创性、可行性和超前性。接下来是进行初步探索，在调查课题选定之后、设计调查方案之前，必须围绕选择的课题进行一次初步探索性调查，其目的是为正确解决调查课题探寻可供选择的思路，为设计调查方案提供可靠的客观依据。初步探索的基本任务有四条：正确选择调查的起点和重点；形成解决课题的研究假设；确定调查的指标、方法和实施的步骤；提出研究假设。

(二)制定调查方案

在确定调查课题后，调查者要根据调查课题和调查任务制定调查方案，调查方案主要包括如下内容。

(1)调查目的。调查目的是调查方案所要解决的问题，是调查的行动指南。只有确定了调查目的，调查的对象、范围、方法和内容才能够相应地确定下来。

(2)调查对象。社会组织的公众是十分广泛的，在进行公共关系调查时，应该明确所要调查的对象，才不会造成公关工作的盲目性。调查对象要根据调查目的来确定，选择时要保证公众的代表性。

(3)确定调查项目和调查表。调查项目是调查的具体内容，确定调查项目就是要明确调查的问题是什么，想要了解公众的什么情况。如消费调查中消费者的性别、民族、文化程度、年龄、收入等情况。

(4)确定调查时间和地点。确定调查工作的起始时间、地点选择。

(5)确定调查的方式和方法。在调查方案中，应明确采用什么方式收集资料。调查采取的方式一般不是固定不变的，往往取决于调查对象和调研内容。注意多种方式方法的结合运用。

(6)确定调查工作的组织实施。调查的组织领导、机构设置、人员安排、调查工作步骤等。

(7)制定调查预算。在进行调查预算安排时，要尽可能全面考虑所需要的费用。调查经费预算一般包括：调查方案设计及实施费用、调查资料整理分析费用、调查报告撰写费用及相关办公费用等。

(三)收集调查资料

收集调查资料的过程，实际上就是调查方案的实施过程。在收集过程中，要注意做到全面、灵活、讲求艺术，尽可能地保证调查资料的质量。收集资料可以分为一手资料的收集和二手资料的收集。一手资料也称原始资料，是经过自己以问卷调查、访谈、会议或其他形式调查分析总结得来的资料。一手资料具有保密性、真实性、动态性和可变性。二手资料是经过加工、转载的资料，不具保密性。

(四)处理调查结果

处理调查结果是公关调查的最后一步，它包括：首先是整理调查资料，即对调查中所取得的全部资料进行检验、归类、统计等，它要求先校对资料、补充遗漏，并按事先设计将资料汇总分类，加以条理化。其次是形成调查报告。对初步整理的调查资料进行分析研究，一方面应用统计手段进行数量分析，另一方面则应用比较、归纳、推理等方法，形成一份调查报告。最后是对调查进行总结评估。调查报告形成之后，应对调查过程和结果进行一次总体评价，就调查的科学性、准确性给予必要的说明。调查报告应及时提供给组织的有关人员。至此，就完成了一次公关调查。

四、调查问卷的制作

调查问卷是资料收集最重要的方式之一。它是载有各类表明调查者意向问题的工具，做好调查问卷能够清楚地分析出公众的基本情况，为下一步的公关工作打好基础。问卷的设计一般分为三大部分。

(一)对调查的简要说明

通常列在问卷的开头，用以向被调查者解释调查的性质、目的，以及向被调查者做出的承诺，如保密、不公布被调查者个人的选择情况等。

(二)对被调查者如何回答问题进行方法上的指导

问卷一般是选择题，在指导中，应列出1～2个例题，予以示范，并对被调查者的选择符号做出统一规定。如用“√”或“○”给想要选择的选项做标注。如不统一规定，又无事前指导，便有可能在选择中引起混乱，增加工作量。例如，“在下面一些问题里，我们希望了解您对本厂产品的看法。请您在认为合适的答案所对应的( )中做出记号‘√’；切勿使用任何其他符号。如无特殊说明，请只选取一个答案”。这样一种指导陈述无疑能起到提示作用。

(三)问题的陈述与排列

问题的陈述应客观具体、简洁明了，被调查者一眼就能够明白所问问题。除问题的陈述之外，问题的排列也应当注意。

(1)不能让前面的问题影响被调查者对后面问题的准确回答。

(2)问题的排列必须有逻辑性，不能让被调查者的思想陷入混乱。

(3)假如问题比较复杂，则尽可能将其简化，一个陈述只包含一个问题。像“您喜欢哪种品牌、哪种性能的洗衣粉?”这类问题，不如化成这样三个问题：“您喜欢用洗衣粉吗?”“您最喜欢下列哪种品牌的洗衣粉?”“您认为下列哪种洗衣粉的性能最好?”

(4)对一些较为敏感的或可能令人难堪的问题，应避免正面提问。例如：“您是否认为应该尊重同性恋?”尽管被调查者是不留姓名的，但潜意识的作用会使想回答“否”的人在内心感到不安，并违心地倾向“是”的选择。这就失去了调查的意义。如果换个角度问：“有些人认为同性恋必须受尊重，有的人则不以为然。那您的意见呢?”这样效果就会好些。

(5)应尽量使问题陈述呈封闭性，即限定被调查者在给出的答案中选择。封闭性问题的优点在于指导性强，易于汇总统计结果。与封闭性问题相对应的是开放性问题，即让被调查者自由发表看法。尽管开放性问题可以获取许多信息甚至是意料之外的信息，但它难以控制，也难以统计汇总。因此，在公共关系的实务操作中，这类问题只能用于辅助，大量的、主要的问题形式是封闭性问题。

案例

问卷调查示例

尊敬的客户：

您好！

首先，非常感谢您对本公司______产品(或即将上市产品)的关注与支持！

为了进一步了解您对高端饮品类消费品的评价以及消费习惯，并不断提高产品品质以及服务质量，我们特别开展“高端饮品市场调查活动”。期盼您在百忙之中就以下问题进行客观评价和作答，并提出宝贵意见和建议，我们将秉承“______________”的服务理念，虚心听取您的建议并及时改进，为您提供更好的产品和服务。

感谢您的配合与支持！

×××有限公司(市场部)

________年____月____日

一、高端饮品消费的基本状况、消费倾向及消费观念

1. 您经常喝高端饮品吗？

□不喝　□每月1～2次　□每周1～2次　□2～3天1次

□一天1次　□一天多次

2. 您喜欢喝国产高端饮品，还是进口高端饮品？

□国产高端饮品　□进口高端饮品　□不确定

3. 您喜欢喝什么类型的高端饮品？(可选1～3项)

□纯果汁类　□果蔬汁类　□白酒类　□红酒类　□乳制品类　□饮用水类

□营养保健类　□其他类别(例如提神类)__________________________

4. 您每次的饮用量大约是__________。

(1) □基本稳定　□易受情境、气氛影响

(2) 一般情况下，每次您的××类饮品饮用量是__________。(注：约50毫升为1两)

□少于50毫升　□50～100毫升　□101～250毫升　□251～500毫升

□超过500毫升　□几乎不喝

(3) 一般情况下，每次您的××类饮品饮用量是__________。

□少于200毫升　□200～500毫升　□501～1000毫升　□1001～2000毫升

□超过2000毫升　□几乎不喝

(4) 一般情况下，每次您的××类饮品饮用量是__________。

□少于100毫升　□100～250毫升　□251～500毫升　□501～1000毫升

□超过1000毫升　□几乎不喝

5. 您家里平均每周购买高端饮品(包括用于饮用和送礼)的次数是＿＿＿＿＿。

□几乎不买　□1～2 次　□3～5 次　□超过 5 次

6. 您通常购买的高端饮品是(可选 1～3 项)＿＿＿＿＿。

□纯果汁类　□果蔬汁类　□白酒类　□红酒类　□乳制品类　□饮用水类

□营养保健类　□其他类别(如提神类)＿＿＿＿＿＿＿＿

7. 您家里平均每周用于购买高端饮品的费用大约是＿＿＿＿＿。

□几乎不花钱　□少于 100 元　□101～200 元　□201～300 元

□301～400 元　□401～500 元　□超过 500 元

8. 您一般在何处购得(获得)高端饮品?

□大型商场　□大型超市　□小超市或连锁店　□专业批发市场

□饮品品牌专卖店　□附近小店　□单位发放　□亲友赠送

9. 对于新上市的高端饮品，您的态度是＿＿＿＿＿。

□一定去买　□很可能会买　□说不准　□可能不买　□一定不买

10. 您一般在什么样的场合喝高端饮品?

□家里　□单位　□宾馆饭店　□娱乐场所　□餐饮场所　□其他场合

11. 您选择高端饮品品牌的习惯是＿＿＿＿＿。

□认准一个品牌　□认准少数几个品牌　□偶尔换换品牌

□经常换品牌　□什么品牌都可以

12. 您认为高端饮品的包装与外观应突出＿＿＿＿＿。

□现代性　□传统性　□时尚性　□豪华精美　□平实朴素　□其他

13. 您最在乎高端饮品的以下哪些特征?(多项选择，但不要超过三项)

□醇香气味　□口感良好　□营养保健功能　□包装设计精美

□防伪技术　□文化品位　□身份地位象征　□其他＿＿＿＿＿＿＿

14. 您认为一瓶高端饮品的容量多少最为合适?

□少于 200 毫升　□200～500 毫升　□超过 500 毫升

15. 遇上重大的节日、事件，若需要给亲友送礼，您一般会怎么选择?

(1) □金钱　□实物　□两者结合　□其他

原因：＿＿＿＿＿＿＿＿＿＿。

(2)若是选择送实物，首选的实物有哪些呢?(多项选择，但不要超过三项)

□小家电　□酒类　□高端饮品(非酒类)　□烟草类　□食品类

□保健品类　□化妆、保洁品类　□少儿玩具、学习用品　□图书类

□服装饰品类　□金银首饰类　□其他

(3)若是选择送××类高端饮品，您希望的形式是＿＿＿＿＿。

□6 瓶组合礼品装　□12 瓶组合礼品装　□饮品和其他相关商品组合礼品装

□饮品和其他当地特产组合装　　　□其他要求____________

16. 以下几项相比较而言，您认为喝高端饮品更应该是一种________。

□习惯　　□文化　　□时尚　　□身份地位象征　　□其他____________

17. 以下几项相比较而言，您一般喝××类高端饮品主要是为了________。

□满足个人饮用需要　　□供家庭消费　　□满足社交和应酬需要　　□其他________

18. 以下几项相比较而言，您认为哪个选项对您个人购买高端饮品的行为产生影响更大？

□以往的经验　□做广告较多的高端饮品　□品牌知名度高的高端饮品

19. 以下三项相比较而言，您认为哪个选项对您在餐桌选择高端饮品的行为产生的影响更大？

□高端饮品的价格　　□高端饮品的品牌知名度　□高端饮品的品质

20. 您认为高端饮品的品牌知名度高低主要取决于________。

□广告　　□高端饮品的品质本身

二、产品及品牌的认知与评价(注：条件成熟时，调研现场可提供试饮)

1. 对××品牌高端饮品(或产品名称)的印象和评价

	非常不满意	不满意	一般	满意	非常满意
1)口感	1	2	3	4	5
2)甜度	1	2	3	4	5
3)酸度	1	2	3	4	5
4)营养价值(营养成分)	1	2	3	4	5
5)色泽	1	2	3	4	5
6)气味	1	2	3	4	5
7)品质	1	2	3	4	5
8)瓶子的设计	1	2	3	4	5
9)外包装设计	1	2	3	4	5
10)总的印象	1	2	3	4	5

2. ××品牌高端饮品让您联想到什么？

□风景　　□地域文化　　□爱情　　□甜蜜幸福生活　□兄弟友情

□营养健康　□回归自然　　□新鲜空气　□温文尔雅　　□“高大上”

□浓厚商业气息　□其他__________

□有联想，但不清晰　　　□无联想

3. 您认为该高端饮品(200毫升)______产品(具体的品牌系列)什么价位合适?

□21～40元　□41～60元　□61～80元　□81～100元　□100元以上

□难以评价

4. 与同类产品相比较，您认为本产品的品牌形象定位(是否高端)属于________。

□明显偏低　□偏低　□居中　□偏高　□明显偏高

原因：____________________

5. 与同类产品相比较，您认为本产品的品牌知名度如何。

□明显偏低　□偏低　□居中　□偏高　□明显偏高

原因：____________________

6. 您对当前产品的广告宣传及促销活动形式的评价是________。

□非常不满意　□不满意　□一般　□满意　□非常满意

原因：____________________

7. 您是否愿意再次购买××品牌高端饮用品?

□愿意　□不愿意，原因：____________________

8. 您是否愿意将××品牌高端饮用品推荐给亲戚或者朋友?

□愿意　□不愿意，原因：____________________

三、媒体接触及产品信息获知渠道

1. 您平时看电视吗?

□每天看　□经常看　□偶尔看　□从来都不看

2. 你平时常看的电视频道有________。(可多选)

□中央电视台各频道

□中国教育电视台各频道

□省级卫视台各频道

□地方电视台主要频道

□其他电视台________________

3. 看电视时，您比较喜欢哪类节目?(可多选)

□新闻类　□财经类　□评论类　□生活服务类　□体育类　□综艺类

□文化类　□戏曲类　□经典音乐　□流行音乐　□娱乐选秀类　□电视直销

□广告　□大陆电视连续剧　□港台电视连续剧　□外国电视连续剧　□其他

4. 您常看的报纸是________。(可多选)

时政类：□人民日报　□光明日报

财经类：□××财经报

生活类：□××家庭报

地方类：□××日报　□××晚报　□××都市报

其他＿＿＿＿＿＿

5. 您常阅读的杂志是＿＿＿＿＿＿。(可多选)

□时政类　□财经类　□时尚类　□体育类　□社会类

□音乐/艺术类　□保健类　□新闻类　□其他

6. 您常听的电台是＿＿＿＿＿＿。(可多选)

□中央人民广播电台主要频道

□地方广播电台(省级、市级)各频道

□其他电台

7. 听广播时，您比较喜欢哪类节目？(可多选)

□新闻类　□评论类　□财经类　□生活服务类　□体育类　□戏曲类

□文化类　□娱乐类　□经典音乐　□流行音乐　□广告　□其他

8. 您平时经常登录的网站有＿＿＿＿＿＿。(可多选)

□腾讯　□新浪　□网易　□搜狐　□其他

9. 您平时经常使用的购物网站有＿＿＿＿＿＿。(可多选)

□京东　□当当　□淘宝　□亚马逊　□1号店　□其他＿＿＿＿＿＿

10. 您主要是通过以下哪些渠道得知本产品信息的？

□电视　□广播　□报纸　□杂志　□网络　□经销商

□商场　□现场促销活动　□户外广告　□其他＿＿＿＿＿＿＿＿＿＿

四、个人信息

1. 您的性别。

□男　□女

2. 您的年龄。

□13～18岁　□19～30岁　□31～40岁　□41～55岁　□55岁以上

3. 您的职业。

□企业高层管理者　□企业中层管理者　□企业基层管理者　□企业普通职员

□专业技术人员　□机关干部　□科教文体卫职员　□个体经营者

□军警　□学生　□社会团体职员　□无固定职业　□其他

4. 您的文化程度。

□初中及以下　□高中、中专　□大专　□本科　□研究生及以上

5. 您的家庭状况。

□未婚　□已婚无子女　□子女不超过6周岁　□子女超过6周岁

□丧偶或离异　□不愿透露

6. 您的月收入水平。

□低于 3000 元　□3001～5000 元　□5001～10000 元　□10001～15000 元

□15001～20000 元　□20000 元以上　□不愿透露

7. 您家庭的人口数。

□1 人　□2 人　□3 人　□4 人　□4 人以上

8. 您家庭已拥有的物品＿＿＿＿＿＿。

□彩电　□冰箱　□空调　□照相机　□摄像机　□DVD

□音响　□微波炉　□电烤箱　□热水器　□洗衣机　□消毒柜

□手机　□计算机　□笔记本　□传真机　□自行车　□摩托车

□汽车　□健身器　□信用卡

五、调查报告的撰写

较规范的调查报告，大体包括以下内容。

(一)封面

封面要做得尽量简洁美观，包括调查报告题目、报告完成部门、报告负责人、完成时间等。

(二)题目

报告题目要一目了然，意图强，能够总结出活动的内容、特点等。

可以是公文式标题，如《关于……的调查报告》；也可以是观点式标题，如《服务赢客户，真诚促信任》。题目字数要适当，一般不宜超过 20 字。如果有些细节必须放进标题，为避免冗长，可以设副标题，把细节放在副标题里。

(三)摘要

摘要是对整份调查报告的概括，应包括报告的基本观点、调查方式、调查结果等。摘要的字数不宜太多，200 字以内为宜。

(四)正文

正文是调查报告的主体及核心部分。正文包括导言、主体、结尾三部分。

(1)导言。介绍调查活动的背景、目的，实施调查活动的时间、地点、对象等。

(2)主体。主体中要具体叙述和说明调查活动的具体情况：调查活动的过程(包括调查方法、范围、对象等)，调查的内容、调查的结果分析、理性思考、问题及建议等。主体要实事求是、观点鲜明、重点突出、逻辑清晰、语句通顺。

(3)结尾。结尾可以用归纳式、警告式、口号式等形式对正文进行小结。

(五)附录

有些不适合放在正文中又有参考价值的内容可以放在调查报告中以附录的形式出现。例如，调查问卷、访谈记录、会议记录、调查照片等。

公共关系调查报告有其基本文体格式、写作内容方面的要求。但在具体写作过程中仍应针对具体情况，灵活安排其写作结构。表 4.1 为一般意义上设置的公共关系调查报告文体格式与写作要求。

表 4.1　公共关系调查报告文体格式与写作要求

<table>
<tr><th colspan="2">报告主体</th><th>常用格式</th><th>基本内容</th><th>写作要求</th></tr>
<tr><td colspan="2">标题</td><td>公文式标题
观点式标题</td><td>事由＋文体</td><td>醒目、精练、新颖</td></tr>
<tr><td rowspan="3">正文</td><td>导言</td><td>叙述式
提问式
总结式</td><td>介绍调查工作概况(如调查时间、范围、方式、内容、目的等)</td><td>点明主题
高度概括
精练简短</td></tr>
<tr><td>主体</td><td>逻辑分叙式
表格说明式
条文列举式</td><td>①现状资料分项目汇总叙述
②分析造成该现状的内外原因和影响因素
③提出建议和措施</td><td>主题明确
中心突出
材料典型
逻辑性强
条理清晰</td></tr>
<tr><td>结尾</td><td>归纳式
警告式
口号式</td><td>全文小结</td><td>有号召力</td></tr>
<tr><td colspan="2">附录</td><td>原件
资料卡
表格等</td><td>问卷调查表
访谈记录
会议记录等</td><td></td></tr>
</table>

第二节
组织策划

学习目标

1. 熟悉组织策划的方法。
2. 掌握组织策划的步骤。
3. 学会撰写公关策划书。

公共关系策划是公共关系人员在确定组织的公关目标后，分析组织、公众与环境等状况后，谋划、设计、选择最佳的行动方案的过程。

一、策划的方法

(一)优化法

优化的基本原则，在某些约束条件下，选择用最小的力量、最短的时间、最低的费用的手段或处理方法达到总体最优的方案。最佳方案有以下三种：(1)趋利避害法，即在利弊轻重之间进行权衡比较，从中选择利重弊轻的方案。这是最佳的策略思想，不仅公共关系选择方案时遵循，其他方案的选择也同样适用。(2)兼容并蓄法，即博采众方案之长，推陈出新，形成一个新的最优方案。(3)改弦更张法，即吸取原提案的个别内容，重新设计出一个新的最优方案。

(二)集体决策法

集体决策法是充分发动领导、专家及有关专业人员参与，以头脑风暴的形式共同探讨和研究，以激励的形式创造出新颖的方法。这种方法有利于互相启发，预测方案较全，成本较低，效率较高，使选择的方案比较科学正确。但用时较长，意见难以统一，并且易受表达能力和个人权威的影响。

(三)列举法

列举法是列举出各种问题或各种条件，根据属性列举法、希望点列举法、优点列举法等逐次研究分析进行最终选择。采用这种方法可以用数值把方案的效果或花费表示出来，并可使用收益“小中取大法”和费用“大中取小法”进行比较选择。列举法直观、灵活、简便，但缺点是容易产生顾此失彼的情况，不方便一一列举。

二、组织策划的步骤

调查研究、采集信息是策划的基础，调查者面对通过调查得来的大量信息要进行分析。因此公共关系的策划是从分析现状及信息、确定目标开始，这是组织策划的准备阶段。组织策划的具体策划阶段是分析公众、设计主题、选择媒体、预算经费、审定方案，最后以策划书的形式确定下来(如图 4.1)。

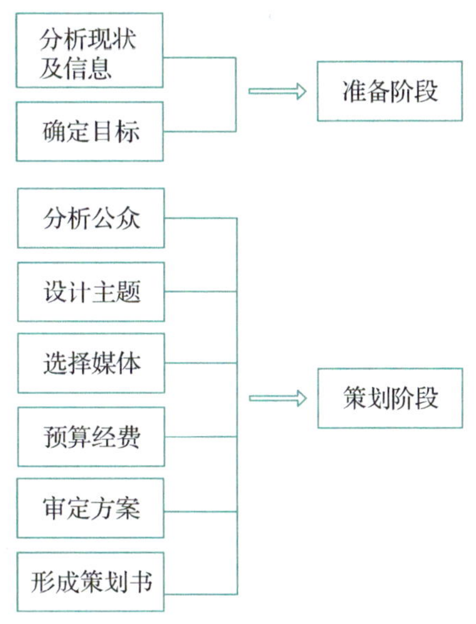

图 4.1　组织策划步骤

(一)分析现状及信息

公共关系策划者通过调查取得的信息是大量的，面对各种信息必须借助科学分析的方法，形成去伪存真、去芜存精、由此及彼、由表及里的认识，由此进行科学的策划。重点分析以下两类信息。

1. 组织自身状况分析

包括组织历史状况、现实状况(组织实力、资产、资源、人才、形象等)、战略目标(具体到财务、人事、设备、技术、产品质量、业务水平、办事效率、服务态度等各要素)，以及由诸要素综合体现的组织知名度和美誉度信息。

2. 影响组织运行的社会信息

如组织目标公众、竞争对手、国家的政策法规、合作伙伴、传播媒介，以及财政、金融、交通、能源、通信、人口等方面的背景及信息，从中去发现对组织有利的契机和不利的因素，策划出有成效的公共关系活动方案。

(二)确定目标

公共关系策划者在分析信息的基础上，发现问题，然后根据一定的条件，提出解决问题、期望结果的方案，确定目标。在具体公共关系策划中，组织对各种目标要做出科学合理的选择，对目标进行分类。

1. 战略目标

它以协调关系、塑造形象为主要目标，为组织的总体目标服务，是需要长期不懈地为之努力奋斗的目标。如 IBM 公司所策划的一系列公共关系活动，均为体现“IBM 就是最佳服务”这一理念而作的长期规划。

2. 战术目标

它是为公共关系战略目标服务的，通过分阶段、分步骤、分项目，达到理想的结果。如法国白兰地酒在美国精彩亮相的公共关系策划，成功地实现了提高白兰地酒在美国的知名度这一战略目标。

(三)分析公众

要辨认公共关系活动是针对哪些公众，要了解他们的特点、需求、对组织的态度等，有针对性地设计策划主题，展开策划的各个步骤，有效地选择传播媒体。如要开展一次针对出租车司机的公关活动，一般情况下选择广播媒体最为适宜。只有分析了相关公众，才可确定使用的经费和资源，并在公关活动中突出公众利益，得到公众的支持与合作，与公众建立起协调沟通的关系。

(四)设计主题

公共关系策划主题是策划的灵魂核心，贯穿于整个策划之中，是公共关系活动内容的高度概括。策划者在分析公众后必须精心设计主题，使其表述得精练传神。如我国为申办奥运而设计的主题“新北京 · 新奥运”给公众留下深刻印象。设计主题是公共关系策划中最富创造性的一个步骤。设计主题三要素：一要服从和服务于策划目标；二要有独特、新颖，具有个性特色的信息；三要融入公众需求因素。

(五)选择媒体

公共关系策划是把选定的信息通过有计划、分阶段地向目标公众传播、交流以达到与传播对象沟通。但信息不会独立存在，必须通过载体传播出去，因此凡能载有公关信息的任何工具载体都可视为媒体。可供选择的媒体种类很多，策划者根据具体公关目标和本次策划活动的传播对象、经费预算，可以有目的、有针对性地选择媒体。应该看到，大众传播媒体(报纸、广播、电视、杂志、电影等)在所有媒体中始终占有举足轻重的地位。选择媒体时应特别重视对大众传播媒体的选择、运用，另外，随着高新技术的发展，网络媒体的功能已凸显出来，也应认真研究并重视互联网和新媒体在传播及沟通中的作用。

(六)预算经费

为了具体落实公共关系计划，使投入的人力、物力、财力等有保障，使计划具有可行性和现实性，必须对经费做详细预算，一般包括如下两方面。

1. 行政开支

行政开支包括劳动力成本、管理经费、材料设施费等。劳动力成本主要由工资、奖金、绩效、福利补贴等组成；管理经费是维持公关部门日常运作的经费，主要由日常水电费、租金、差旅费、设备折旧费用等组成；材料设施费指公共关系活动实施过程中用到的设施材料的花费。这些开支都是公关部门的日常开支，也是公共关系活动实施过程中重要的一部分预算。

2. 项目开支

公共关系活动实施过程中所需要开支的项目，包括场地的租赁、大型设备的购买或租赁、赞助费用等。这类的费用一般是日常固定开支无法支付的，预算要做较大的弹性。

公共关系活动对企业来说，是一种长期投资。在预算时，要考虑投入与收益的关系，通过预算可就活动的轻重缓急统筹兼顾、全面安排，使资产的投入产生最佳的效益，把资产花在最关键的地方。待活动完成后，就可以通过检测评估资源投入是否合理、有效，并可审视考核预算内各个项目之间分配比例是否正确合理，为下一步活动提供参考依据。

(七)审定方案

公共关系策划者在完成上述各个步骤后，具体方案已经形成，为确保计划可行性，对方案进行审定是策划中不可缺少的一个步骤。审定方案一般由组织领导、专家及具体工作人员对方案进行咨询、答辩、论证，并进一步完善方案，方案可从以下几个方面进行论证。

(1)通过对方案中的目标、主题及活动开展的各要素，如资金、人力、时间、传播计划等，进行分析论证。

(2)对方案实施过程中可能遇到的问题、补救措施等进行分析论证。

(3)对预期结果进行综合效益论证，判断公共关系活动方案是否值得付诸实施。

(八)形成策划书

公共关系活动方案经过论证后，需要以书面报告形式确定下来，公关策划书是公关活动策划的工作总结，也是公共关系活动实施的依据。策划书的形成，使策划者的劳动有了一种物化体现，它凝聚着策划者的智力，是极富价值的。

公关策划书可以分为长期战略规划、年度工作计划及专题活动计划，其写作的基本结构和写作要求大致相同，详见策划书的制作。

三、策划书的制作

一份标准的公共关系策划书一般包括以下四个部分。

(一)封面

封面是策划书给人的“第一印象”。封面的制作不能太随意，格式要规范；封面设计要求简洁美观、新颖独特。封面应包括：

(1)标题。标题要涵盖组织的名称、活动内容、活动方式及文体，如“×××儿童服饰2021年春季展销会策划书”。

(2)密级。密级可以分为秘密、机密、绝密，或者用A、AA、AAA等表示。

(3)落款。落款中要注明策划书的制作单位或部门名称、日期、公章。

(二)序文

序文是将策划书的内容进行整理和高度概括，要求言简意赅、一目了然。序文字数不宜过多，不超过400字为宜。

(三)目录

策划书一般页数较多，目录能够让人了解整本策划书的概况。

(四)正文

正文是策划书最重要的部分。正文的写作以文字为主，辅以图表，正文一般包括四个方面。

(1)背景分析。简要介绍策划书项目的由来、公共关系活动主题思想的社会背景、市场状况与形象分析等。市场状况与形象分析比较详尽地介绍公共关系调查分析的结论，主要含公共关系宣传的信息内容与市场特性，竞争对手和公众需求比较之后的优势点、问题点与机会点。

(2)公关活动实施的主办单位、承办单位、协办单位、赞助单位。

(3)公关活动的时间、地点、参加者及媒体。应明确公关活动的时间、地点、参加人数、媒体邀请情况等。

(4)实施方案。活动实施方案是策划书的核心，实施方案中应包括以下六点。

①活动的目标。公关目标包括总体目标和具体目标。总体目标包括企业在未来某一较长时期内所追求的形象特性、品牌忠诚度指标等。具体目标指企业通过某一公共关系活动希望实现的具体指标。

②创意说明。主要介绍公共关系活动的主题思想、宣传文案，涉及的内容主要有：指导思想、活动主题、活动总名称、具体项目活动名称、宣传作品(主要陈述电视宣传作品的分镜头脚本、报纸杂志宣传作品的设计图、广告的设计图等)、标语、饰物(介绍营造现场主题气氛所使用的装饰物，如吉祥物、彩旗、现场基调色彩、音乐、音响等)。

③活动布置及日程安排。活动布置介绍公共关系各个主体活动与后援活动的项目名称、实施时间、地点、运作步骤、程序方案。日程安排即介绍公共关系项目从承接项目任务开始到完成公共关系活动所涉及的工作进度安排。

④媒介策略。主要介绍宣传媒介的分配规划(包括媒体分配、地理分配、时间分配、内容分配等)、组合方式，一般用表格形式陈述。

⑤经费预算。主要说明公关活动经测算可能需要的经费总额及细目情况。

⑥效果展望。介绍公共关系活动的理想化效果。

第三节
精准实施

学习目标

1. 了解精准实施的意义及特点。

2. 掌握精准实施的影响因素。

一、公共关系精准实施的意义

公共关系精准实施是将公共关系策划精准地变为现实的过程，是公共关系工作中最为多变、最为复杂的环节，具有十分重要的意义。

(一)是实现公共关系目标的保障

公共关系的终极目的不是研究问题而是解决问题。公共关系调查研究是发现问题，公共关系组织策划是研究问题，公共关系的精准实施是解决问题的过程，再完美的公共关系策划如果不付诸实施，也是“纸上谈兵”，公关目标也无法实现。

(二)决定了策划能否实现及其程度和范围

公共关系实施过程中工作人员富有独创性的工作，不仅可以实现既定的目标，还可以修正公共关系策划方案中的不足之处，取得意想不到的收获。这主要表现在实施人员能够选择最有效的实施手段和创新性方法，在社会公众中塑造组织的良好形象。因此，公共关系的实施不仅决定了策划能否成功，还决定了策划成功的程度及范围。

(三)是制订后续方案的重要依据

制订公共关系计划必须要以社会组织所面临的现状为依据，特别是要注意将前一项公共关系计划实施后由各种渠道反馈回来的信息作为依据。不论本次的公共关系实施结果如何，对于公共关系方案的策划都具有重要的借鉴意义。

二、公共关系精准实施的特点

公共关系精准实施作为一个完整的活动过程，包括准备阶段、执行阶段和结束阶段，具有以下特点。

(一)实施过程的动态性

公共关系精准实施是由一系列接连不断的活动共同构成的一个完整过程。在这个过程中，可能需要对原来的活动方案内容进行不断调整。方案的实施过程是一个思想和行为不断变化、不断调整的过程，计划的实施过程具有动态性，这种动态性取决于两方面：一方面，从所属领域来看，计划属于思想认识，而实施属于社会实践，无论一项公共关系方案制订得多么周密、具体和细致，总免不了与实际情况存在着一定差距；另一方面，从时间关系来看，必定是计划在先，实施在后，随着时间的推移、实施的进展、环境的变化，实施过程中会遇到一些原方案中没有考虑到的新情况和新问题。因此，适时地改变、修正或调整原定的实施方案、程序、方法和策略等是实施活动中的正常现象，是实施动态性的表现。

如果不考虑社会环境发展引起的条件变化，而按一个固定的模式去机械地执行方案，那就不仅不能实现公共关系目标，反而会给组织自身带来新麻烦。同时，必须注意不能将实施的动态性与实施人员的主观随意性混为一谈。强调实施过程的动态性，并不意味着实施人员可以随意以一些无关大局的变化为借口而不执行原定方案。

(二)实施主体的创造性

公共关系实施是一个不断变化和需要调整的动态过程。这就决定了公共关系实施的过程不是一个简单的照章办事的过程，而是一个由一系列不同层次的实施主体发挥主观能动性的过程。实施主体应该掌握实施过程的动态性特点，根据整个方案的实施原则和现有的条件、面临的环境、遇到的时机，充分地发挥自身的积极性、主动性和创造性来确定实施策略。例如，根据公众的变化情况，重新选择传播渠道、媒介与方法；抓住临时出现的有利时机，灵活地调整步骤；根据实施进展情况，随时更换人员或调整任务等。如果公共关系实施人员能够充分发挥创造性，那么公共关系方案实施的过程就不仅是一个执行原方案的过程，而且也是一个对原方案进行再创造，以此丰富公共关系实务经验的过程。当然，强调主体应该发挥创造性，并不意味着允许实施人员随意违反实施的原则或以各种借口对原定方案的实施进行抵触。

(三)实施影响的广泛性

设计一个公共关系方案需要涉及众多的因素和变量，而方案的实施则可能对各类公众甚至社会产生深刻广泛的影响。这种影响在方案策划阶段仅仅是纸上谈兵，只有在实施后才能真正体现出来。首先，公共关系实施可能对目标公众产生深刻广泛的影响。一项公共关系方案实施成功后，常常会使该组织的逆意公众转变为中立公众，使中立公众转变为顺意公众。即使有时不能彻底转变目标公众的立场，那么也会在观点、态度等方面使其产生不同程度的变化，至少可以令目标公众的态度由消极向积极的方向转化。其次，公共关系方案实施可能对整个社会产生深刻广泛的影响，其虽然是某一社会组织的行为，但因其方案中蕴含着某种顺应社会潮流的思想，很可能对整个社会的文化、习俗产生深刻影响。因此，一项公共关系方案实施产生的影响和作用往往不局限于其本身制定的目标，同时也可能对整个社会的文明和进步产生推动作用。

公共关系工作者必须充分认识到公共关系实施具有的重要作用，公共关系的实施是一项创造性的工作，从某种意义上说，实施比策划更为重要。

三、公共关系精准实施的影响因素

虽然公共关系策划经过长期论证，但在具体的实施过程中并不会一帆风顺，或多或少会受到一些因素或障碍的影响。有来自内部的也有来自外部的，有主观造成的也有客观引起的。公关人员要正视这种障碍并采取有效措施予以排除，才能保证方案的有效实施。

(一)主体障碍

主要是来自实施主体(组织)自身的影响因素，产生这种障碍的主要原因如下。

(1)人员障碍。实施人员工作态度不端正、工作不热情、职业道德差、工作能力不强、实施人员间的关系不融洽等都会影响公共关系的实施。要排除来自实施人员的障碍，关键是选择优秀的实施人员并进行严格的培训，建立一套有效的激励机制和约束机制。

(2)目标障碍。目标不合适、不明确、不具体，目标不切合实际等会严重影响公共关系方案的实施。在做公共关系目标策划时，一定要征求各方面的意见，形成目标共识，并要对目标进行反复的可行性论证，切实确立明确和具体的目标。

(3)创意障碍。创意障碍主要是在进行策划时一味地追求新奇，忽略了公共关系活动的可行性。减少创意障碍关键在于提高组织策划水平，充分利用组织内外的专家，集思广益，应用创造技法。

(4)预算障碍。制定经费预算时要了解开支标准，反复测算，并留有余地。尽管如此，有时还是会出现超支，因此要认识到对必要的支出追加经费是合理的。

(5)方案障碍。公共关系实施方案要由实践经验丰富、管理能力强、责任心强的人员来设计，同时要多征求实施者的意见，力求达到科学、适用、有效、节约，才能克服这方面的障碍。

(二)沟通障碍

实施的过程实际上是传播沟通的过程，实施过程中的传播沟通并不是一帆风顺的。常见的沟通障碍主要有以下几种。

(1)语言障碍。常见的语言障碍有语音混淆、语义不明、语法不通、用词不当等。不同国家、不同民族有不同的文字，也会造成文字障碍。

(2)习俗障碍。

(3)观念障碍。常见的观念障碍有保守观念、封建观念、自私观念、极端观念、片面观念等。

(4)心理障碍。心理障碍是指人的认识、情感、态度等心理因素对沟通过程的障碍。常见的心理障碍有消费心理、交际心理、政治心理、工作心理等。

(三)环境障碍

公共关系策划方案是在一种复杂多变的社会环境、市场环境中实施的。环境中的各种因素会从正面促进和反面制约来影响实施工作，如政治环境因素，政府的政策法规制约、国际政治形势、政治格局变化等；经济环境因素，经济体制、经济改革、金融风暴等；社会文化环境因素，宗教文化、民族文化等。同时，公共关系实施障碍还有来自实施环境的各种制约因素、对抗因素和干扰因素等。

 案例

赞助活动怨言多

某高校开学在即，一知名家纺品牌经销商主动联络到高校学生处，说愿意无偿给大一新生捐赠被褥数十条，学校也是欣然接纳，为了达到宣传效果，学校特意邀请来当地记者。这个活动按照当初的预想，学校方面想要提升自己的美誉度，宣传学校文化育人方针，而赞助商也想通过这个赞助活动提升自己品牌的知名度，树立企业的社会责任意识。然后却没有收到理想的效果。后来究其原因，主要有以下几个。

(1)活动的实施者主要是学生处兼职的学生，由于经验不足，在联络方面做得不是很到位，在后期的新闻报告方面出现新闻报道滞后的现象。

(2)分工不明确，思想不统一。活动的负责人不明确，学校因为双方沟通的问题，没有将赞助商的额外要求落实下去，所以导致活动的当天，PPT的内容并没有太多赞助商品和企业的介绍，更加因为视频不够清晰，效果不好。大家的活动热情也由于效果不佳而减弱。

(3)缺乏专业的公关活动策划，活动实施步骤混乱，实施人员不够主动，责任心不强，各方沟通不是很顺畅，也都是这次活动失败的原因之一。

(王光华：《公共关系案例与实训教程》，北京，中国人民大学出版社，2017)

第四节
效果评估

学习目标

1. 熟悉效果评估的标准。
2. 掌握效果评估方法。
3. 学会撰写评估报告。

一、效果评估的意义

效果评估的重要意义主要体现在以下几个方面。

(一)是公共关系工作的重要环节

评估对一个社会组织的公共关系工作具有效果导向的作用。公共关系的先驱者埃瓦茨罗·特扎恩(Evarts G. Routzahn)说过，当最后一次会议已经召开，最后一批宣传品已经散发，最后一项活动已经成为历史的记录时，就到了你在头脑中将自己和自己所采用的方法重新过滤一遍的时刻。这样你就会整理出经验和教训，供下一次借鉴。这恰恰说明公共关系评估对改进公共关系工作的重要作用。

(二)是开展后续公共关系活动的必要前提

从公共关系活动的连续性来看，任何一项新的公共关系活动计划的制定与实施都不能孤立产生和存在，它总是以原来的公共关系活动及其效果为背景。对前一项公共关系活动的评估，可以为后一项公共关系活动计划的制订与实施提供决策依据、经验和教训。这是公共关系活动连续性的一种表现。

(三)是总结成绩、鼓舞斗志的重要形式

公共关系活动计划实施的效果具有不同的表现形式，往往呈现出复杂的局面，它既可能涉及公众利益的满足，也可能涉及公众利益的调整。组织内部的领导人员和员工很难对公共关系活动效果有深刻的认识和全面的了解。当一项公共关系活动计划实施之后，由有关人员将该项公共关系活动计划的目标、措施、实施的过程和效果向领

导人员和内部员工加以解释和说明，可以使他们认清本组织的利益及其实现途径，从而自觉地将本组织的战略目标与自己的本职工作紧密地联系在一起，并转变为实际行动。

(四)是为相关人员提供信息的重要渠道

公共关系活动计划的实施涉及计划的制订人员和实施人员，他们对公共关系计划的实施有不同的期望和要求。计划的制订人员希望得到计划是否合理，计划实施的程度、范围和效果如何，实施的方法和程序是否需要调整，实施的花费是否与计划相符等信息；计划实施人员则希望知道实施的关键环节是什么，哪些实施策略、方法最为有效，实施对哪些公众产生了影响、影响程度如何，哪些方法能够有效地排除障碍等方面的信息。通过对公共关系活动计划的制订和实施以及通过实施所取得的效果做出全面具体的评价，可以根据各类人员对信息的不同需求，有针对性地向他们提供所需要的信息。

二、效果评估的原则

(一)准确客观原则

公共关系的总结评估要坚持说实话，既不为组织的公共关系工作的失误辩护，也不能把公共关系工作说得尽善尽美。应真实地总结出所取得的成绩和效果，分析所遇到的挫折和失败，做到喜忧兼报。为了做到客观准确，公关人员就不能只凭主观感觉，而必须采用科学的评价方法进行总结评估。

(二)分清功绩和责任原则

公共关系工作是由具体的公共关系人员去完成的，分清人员的成绩和失误是总结评估工作的重要组成部分。只有对人员的功绩和责任做出合乎实际的估价，并分别给予奖励与批评，才能调动人的工作积极性，增强其责任观念，提高人员素质、工作水平和工作质量。

(三)定性分析与定量分析相结合的原则

对公共关系工作的效果做定性分析就是要求对各种检测、评估结果进行概括分类，把评估归纳成若干类，做出总体好坏、升降的估计和评价，并解释原因，提出证据，标明性质，做出结论。对公共关系的定量分析是要求对定性分析的结论能用统计数字衡量。例如，怎样理解程度加强、牢骚减少、投诉下降、求职者增多等，都要用具体的百分比去表示。

三、效果评估的标准

衡量公共关系效果的标准有社会效益、心理效益和经济效益，以社会效益、心理效益为主，同时兼顾经济效益。公共关系活动的总体目标是树立企业的良好形象和信誉，创造和谐的公众环境，赢得公众的支持。因此，评估公共关系活动的效果，首先要衡量其社会效益。而从某种角度来看，公共关系活动又表现为影响公众心理的活动，强调取悦公众，使公众在赏心悦目之中对企业产生好感与期盼。所以，评估公共关系活动的效果，还要衡量其心理效益。但是公共关系活动的社会效益与心理效益，最终还应体现为经济效益，这样才能有价值。

(一)社会效益评估项目

(1)获得社会与政府的称赞。

(2)弘扬社会正气。

(3)支持社会主义事业。

(4)支持公益、慈善事业。

(5)弘扬民族传统文化与民族精神。

(6)发扬社会人文精神。

(7)宣扬社会公德。

(8)推广科学的文化价值观念。

(9)培养文明的社会生活、工作、休闲模式。

(二)心理效益评估项目

(1)引起公众注目。

(2)留下深刻印象。

(3)产生美好联想与期盼。

(4)形成愉快舒畅的心绪。

(5)振奋人的精神，催人奋发向上。

(三)经济效益评估项目

(1)激发公众的需求欲望。

(2)培育新的消费市场。

(3)推广新的消费观念和消费模式。

(4)提高产品的认可度。

(5)增强产品的销售力与竞争力。

四、效果评估的方法

公共关系效果评估作为决定开展公共关系工作、改进公共关系工作和制订公共关系计划的依据，其评估的方法主要有以下几种。

(一)观察反馈法

该方法要求组织的公关人员亲自参加公共关系活动，现场了解公共关系工作的进展情况，直接观察公众的反应，记录各个环节实施的状况并估计公共关系效果，当场提出改进、调整意见。

(二)目标管理法

目标管理法是利用公共关系目标作标准，测评公共关系活动的效果。其基本做法是把抽象的目标概念具体化，然后将测量到的公共关系结果与原定的目标要求相对照，从而衡量出公共关系活动的效果。

(三)民意调查法

民意调查法是通过问卷向全体公众了解相关情况，比如，公众态度发生转变情况、社会公众对公共关系活动的基本印象、社会公众的希望与评价等，这样可以大致得出评估结论。因此这种评估法，实际上就是把评估内容设计成调查表的方式，公开收集公众意见并从中分析公共关系活动效果。

(四)新闻分析法

新闻分析法是通过观察、分析新闻媒介对公共关系活动及其结果的报道情况，测评公共关系活动效果的方法。新闻分析法的主要内容有以下四个方面。

(1)分析新闻报道的篇幅大小、持续时数、版面位置等。

(2)分析新闻报道的内容性质，是报道成就还是披露问题。

(3)分析新闻媒介的社会地位及其传播量，看它是否具有权威性和影响力。

(4)分析新闻资料的使用，是全面报道还是摘要报道。

(五)参照评估法

参照评估法是用以往类似的公共关系活动为参照标准，通过比较分析来评估公共关系活动的效果。在通过比较学习其他公共关系工作的有用经验之后，可以改进公共关系工作。

(六)专家评估法

请专家评估的主要目的是获得“第三方”权威人士对组织机构的公关策略的意见，使整体的评估工作有较强的客观性。所以专家评估的方法有很多，我们可以采取专家咨询法、同行评论法、座谈，甚至是进行私人的交谈等。

五、评估报告的撰写

公关评估是指根据一定的目的和标准，遵循一定的准则，运用科学的方法，对公共关系计划、实施及其效果进行质和量的综合评价的活动。必须将公关评估的过程和结果以书面的形式加以完整的表述，这样才可以形成公关评估报告。总的来说，公关评估报告的作用是系统科学的评估，向社会组织提供准确、全面的信息，为其进行公关决策、修正或制订公关计划、改进公关工作、提高公关工作效率提供帮助。

公关评估报告的写作方法有两种：第一种是文章式的评估报告，就是按文章的一般结构来写，一开始有一定的文字描述和分析，然后提出结论和建设性的建议；另一种是表格式的评估报告，即通篇全部用表格展现，其各项评估结果均以数据表或曲线图来表示。以下主要介绍文章式评估报告的写作。

(一)文章式评估报告的结构安排

1. 标题

一般由评估项目或性质和“评估报告”字样组成。如××航空“开放日”公关效果评估报告。

2. 署名

评估报告可以由主办单位撰写，也可委托专业评估机构编制，署名一般置于标题之下。

3. 正文

(1)开头。开头有两种方法：一种是介绍评估的目的、背景、过程与方法。如果委托专业评估机构撰写，撰写人要对评估的由来或受委托进行该项评估的具体原因加以说明，另一种是简要介绍评估项目的基本情况。

(2)主体。主体部分具体表述评估报告的各项指标和结果。表述方法既可对应各项评估标准，列出评估结果的各项数据，也可以采用各种形式的图表，辅以文字说明，将预期数、实际数和以往的数据加以对比。要求做到数据准确，材料与观点统一，语言简练。

(3)结尾。要用简洁明晰的语言得出结论，提出建议。如要阐明评估结果说明了什么问题，有何实际意义。建议针对评估结论，提出可以采取哪些措施以获得更好的效果。

4. 附件

有的评估报告将说明性图表或资料作为附件，在正文下方依次标注附件的名称。

5. 日期

在正文右下方写明具体日期。

(二)文章式评估报告写作要点

文章式评估报告通常应具备以下内容。

(1)公关企划活动的主题及背景分析；

(2)调查分析及存在的问题；

(3)解决问题的策略和办法；

(4)公关活动的流程安排；

(5)公关活动的经费预算和效果评价。

练习题>

一、简答题

1. 简述一个完整的调查方案包括哪些内容。

2. 简述组织策划的步骤。

3. 简述精准实施的影响因素。

4. 简述效果评估的方法。

二、实训题

1. 为所熟悉的社会组织确定调查主题，设计调查问卷，并实地调查，撰写调查报告。

2. 为所熟悉的社会组织设计一个公共关系活动，撰写公共关系策划书。

第五章

政府关系

本章概述

本章介绍了公共关系对象中的政府关系及其处理技巧，首先介绍了政府及其职能，通过案例阐释了政府在公共关系处理过程中的重要作用；之后，从公共关系处理实务视角出发，分别从信息沟通、关系网建构，以及提高声誉等方面提出了处理政府关系的技巧与方法。

结构图

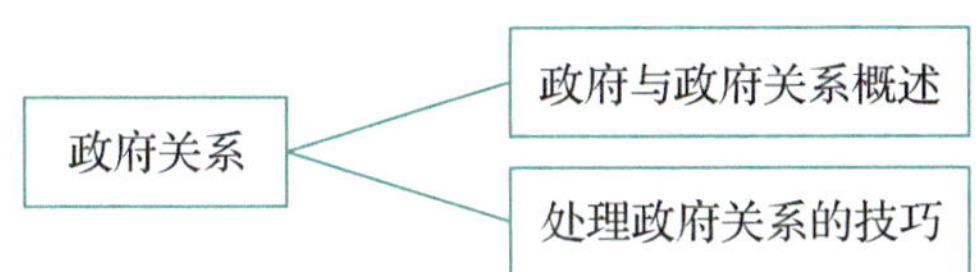

本章要点

1. 政府的概念。
2. 政府关系的重要性。
3. 处理政府关系的技巧。

本章难点

1. 了解政府的职能。
2. 正确认识政府关系在公共关系中的位置。

第一节
政府与政府关系概述

学习目标

1. 了解政府的概念与职能。
2. 了解政府公共关系的重要性。

一、政府及其职能

(一)政府的概念

政府是指国家进行统治和社会管理的机关，是国家表达意志、发布命令和处理事务的机关，实际上是国家代理组织和官员的总称。政府的概念一般有广义和狭义之分，广义的政府是指行使国家权力的所有机关，包括立法、行政和司法机关；狭义的政府是指国家权力的执行机关，即国家行政机关。政府可以被看成是一种制定和实施公共决策，实现有序治理的机构，它泛指各类国家公共权力机关，包括一切依法享有制定法律、执行和贯彻法律，以及解释和应用法律的公共权力机构，即通常所谓立法机构、行政机构和司法机构。从这个意义上说，“政府就是国家的权威性的表现形式”。

政府是维护国家安全与主权、加强国防建设、消除社会隐患和内部腐败、控制污染保护生态环境、推广吸收民间先进科学技术和经验、鼓励创新创造、淘汰落后产品产能和生产工艺、提高国民生产能力、优化社会结构，以及研究社会现象、培养领导、实施城乡规划、开展破除迷信、减贫扶贫防贫、促进社会进步的特殊机构，是国家公共行政权力的象征、承载体和实际行为体。政府发布的行政命令、行政决策、行政法规、行政司法、行政裁决、行政惩处、行政监察等，都应符合宪法和有关法律的原则和精神，都对其规定的所有适用对象产生效力，并以国家武装力量为后盾强制执行。

(二)政府的职能

政府作为社会事务处理的直接参与主体，其需要处理的事务涉及社会生活的方方面面，大到国家经济与外交，小到社会公众家常琐事。面对如此庞杂的事务，政府内部在职能划分上呈现出分工明确、职责明晰、权责分明的特点。我国政府的主要职能包括以下内容。

1. 保障人民民主和维护国家长治久安

维护国家的完整与安全，保障人民基本权利是我国政府在治理过程中追求的核心目标，也是其基本职能。具体包括：维护国家独立和主权完整、保卫国防安全、防御外来侵略的职能；通过政府的外交活动，促进本国与世界其他各国正常的政治、经济往来，建立睦邻友好关系，促进国与国之间互惠互利，反对强权政治，维护世界和平等方面的职能；维持国家内部社会秩序、镇压叛国和危害社会安全的活动、保障人民的政治权利和生命财产安全、维护宪法和法律尊严的职能；通过政府活动，推进国家政权完善和民主政治发展的职能。

2. 组织社会主义经济建设的职能

经济职能是指政府通过经济调节、市场监管、社会管理和公共服务的方式，促进社会经济发展，提高生产力水平和人民生活水平。具体包括：政府通过制定和运用财政税收政策和货币政策，对整个国民经济运行进行间接的、宏观的调控；政府通过政府管理、制定产业政策、计划指导、就业规划等方式对整个国民经济实行间接控制；政府为确保市场运行畅通、保证公平竞争和公平交易、维护企业合法权益而对企业和市场所进行的管理和监督；通过实施产业政策，促进产业经济结构不断优化升级，增强国民经济竞争力；通过实施区域政策和环境政策，推动区域经济协调发展和可持续发展。

3. 组织社会主义文化建设的职能

文化职能是指政府为满足人民日益增长的文化生活的需要，依法对文化事业所实施的管理。它是加强社会主义精神文明，促进经济与社会协调发展的重要保证。一方面，政府宣传马克思主义科学理论，引导公众抵制各种错误与腐朽思想的影响，提高全民族的思想道德素质和科学文化修养；另一方面，政府组织和发展教育、科技、文化、卫生、体育等各项事业，努力提高国家文化软实力。

4. 提供社会公共服务职能

主要包括加强公共基础设施、公共文化设施、公共卫生设施等方面的建设；完善市场就业机制，扩大就业规模；建立基本医疗制度，提高全民健康水平；建立健全社会保障体系；调控人口增长，促进优生优育；优化生态环境，防止污染等职能。

二、政府关系的含义及其表现

政府关系与政府公共关系是两个截然不同的概念，前者是指社会组织与政府及其各职能部门、政府工作人员之间的关系，通常表现为社会组织与政府具体业务部门之间进行沟通所建构的对象关系；后者是指政府作为一级组织，为了能有效地承担社会的管理和领导职能，也需要运用公共关系来塑造自己的良好形象，来提高自己的影响力和号召力而与社会公众建构的关系，简称为政府公关。正是因为政府具有政治、经济、文化与社会服务四大职能，在其职能履行过程中必须与某些特定的社会组织或个人产生沟通、合作、委托、雇用等关系。同时，这些社会组织或个人也需要依靠政府为其解决问题或满足其需求。因此，政府与社会组织或个人之间就构建了这种关系。政府是依法对整个社会实行统一领导和管理的社会组织，任何其他社会组织都必须服从它的统一管理和领导。作为社会组织，如企业、社会团体或个人，必然要对政府进行公共关系工作，这种公共关系工作就是处理政府公共关系技巧的基础。

在政府关系中，社会组织或个人是主体，政府则是客体，也就是社会组织政府关系的作用对象。政府及其各个职能部门是一个庞大而复杂的组织网络，从公共关系的角度可分为三个层次：一是国家的中央政府和组织利益所触及的各级地方政府；二是政府组织机构的职能部门，社会组织通过这些部门与政府打交道，接受政府的管理和约束；三是政府组织中的工作人员，在与政府交往过程中，社会组织需要接触到政府的各级人员以及职能部门的其他工作人员。

政府对社会组织的存在和发展有着举足轻重的影响。作为国家权力的执行机构，政府通过对政策的制定和执行，制约和影响着社会组织的活动。例如，在经济领域，组织在诸如税收、财政、金融、外汇、审计和统计、海关与贸易进出口管理、物资与能源的监控和调配、干部和人事、价格和市场管理、环境和生态、商标和专利、产品鉴定和产品检验等方面都要服从政府的管理。政府作为最具社会影响力和经济实力的社会组织，对某些社会组织的支持、援助和赞赏，往往能使其获得优越的竞争条件和有利的发展环境；而对某些社会组织的批评、制裁，往往也会对其产生极大的影响。作为社会组织，要善于处理与政府之间的关系，并通过构建与政府、政府职能部门之间和谐、理性、友善的关系调节政府与社会组织之间的计划部署与业务安排，处理双方信息双向传播与沟通工作，保障社会组织长久、规范、持续地开展各项业务工作。

第二节 处理政府关系的技巧

学习目标

1. 了解与政府各职能部门沟通的方法。
2. 了解与政府建立合作关系的方法。

一、及时掌握相关政策与制度，加强与政府职能部门的沟通

作为政府治理下的社会组织，一方面要面向公众提供符合要求与标准的商品和服务，满足公众对组织的需求，另一方面要遵守政府制定的各项规章制度，在守法的前提下，开展社会活动。这就需要组织要积极与政府相关部门建立信息通道，随时了解政府制定的各项政策与制度，具体应做到如下几方面。

其一，组织的公共关系人员应熟悉政府的法令、法规和政策，随时注意其新增、撤销和变化趋势，研究其适用范围，注意其变通性和灵活性，并提供给决策部门做参考，使之成为组织决策的依据，使组织的一切活动都保持在政策法令许可的范围内，并随时按照政策法令的变动来调整组织的政策和活动。公共关系人员可以通过汇编国家各级有关政府部门下达的各种文件、颁布的各种法令，密切关注国家和地方政府的各种新闻媒体动态，及时掌握政府发布的各种信息。

其二，公共关系人员需要熟悉各级政府部门的职能，领导的职责分工及具体业务工作流程。了解并熟悉各级政府的组织机构、职权职能、办事程序等状况是组织协调与政府公众关系的前提条件之一。政府机构是一个庞大的组织体系，体系中的各个分支各司其职，协同合作完成政府的日常管理工作，但组织并不需要与政府中的所有部门打交道。组织中的公关人员如果对经常打交道的政府机构设置与机构职权分工的状况比较熟悉，组织的每一项具体业务需要与哪一个级别，哪一个政府职能部门联系就能做到心中有底，可以有效减少组织在与政府部门开展信息沟通与处置事务过程中可能会遭遇的诸如“公文旅行”“办事无门”等情形，特别是当组织有紧急事务需要与政府相关部门沟通时，更能提高工作效率，有利于组织工作的正常开展。

其三，与政府部门建立正常的联系，及时将组织的发展动态通报政府主管部门，建立良性的向上汇报机制，协助发现及纠正政策执行中出现的偏差和失误，同时争取政府的指导和帮助。如果政府的决策与组织执行的现状出现矛盾或不符的情况，也应及时反映，以求融通。组织应向政府有关部门传达的信息有：组织的基本情况和发展变动；组织的经济地位和技术地位及其对社会发展的影响；组织缴纳的税金及承担的其他社会责任和义务；组织遵纪守法情况；组织在执行政府计划过程中遇到的困难、发现的问题；组织需要政府部门在哪些方面提供帮助和支持等。此外，贯彻组织向政府职能部门的上报制度，并不是事无巨细地凡事都要上报，频繁上报会增加政府职能部门的业务负担，浪费双方办公资源。只有涉及组织和政府双方的事务才可以作为上报信息，征求政府职能部门的意见或报请政府部门知晓。

二、与政府部门建立良好、健康的双向沟通与合作关系

处理政府关系，除要熟悉政府机构的内部结构、职责分工与办事流程外，还要与各主管部门的工作人员保持良好、健康的工作关系和沟通机制。这样组织可以随时掌握最新的消息与政策，有效地提高组织对政府机构的办事效率，减少因为双方信息沟通不畅而造成的误解或信息障碍。因此，建立长期、持续性的信息沟通机制是组织在处理政府关系过程中需要重点开展的工作，具体表现在以下几个方面。

其一，组织中公关部门要协助组织与政府部门建立良好、健康的双向沟通机制。一方面公共关系人员熟悉政府部门的职责分工与办事流程，及时把组织的有关生产经营情况、发展规划、亟待解决的问题转达给政府相关部门，使政府对组织的基本情况有整体认识，以寻求政策上、经济上的更多支持；另一方面组织可以定期邀请政府部门开展基层业务指导工作，通过召开座谈会、交流会、洽谈会等方式征询政府机构的意见，请其为组织出谋划策。

其二，面向政府需求开展力所能及的服务工作。组织的发展离不开政府的理解与支持，政府的社会管理与政策推行离不开各级各类组织的配合。由此，组织应当尽量配合政府机构，结合组织的核心业务与经济能力协助政府开展政策制定咨询、义务社会服务等活动。如组织可为政府机构定期报送资政报告，为政府制定相关政策提供必要的决策支持；组织可参与政府各项外包事务的投标，尽组织能力为政府提供相应的技术或其他外包业务服务支持；组织可定期参加政府举办的各种社会义务劳动、关爱

社会基层民众、助学募捐等公益活动。通过上述活动，组织一方面可在政府机构中树立较好的组织形象，另一方面通过政府渠道为社会开展服务，有助于提高组织在社会中的影响力。政府也在组织的参与与协助下，提高了政务工作、社会服务工作的完成度，节省了边际成本的消耗，扩大了政府服务的影响范围与影响力。

其三，发挥组织所长，与政府机构建立战略合作伙伴关系。近些年来，我国政府管理理念发生了显著的变化，“小政府，大社会”的治理理念将政府的职能框定在纯粹的社会服务与公共管理上，而将大量的社会事务处置权下放至基层管理机构，大大提高了政府的行政效率，而越来越多的社会组织也有机会参与到政府的相关事务中来。社会组织类型多样，所涉及业务遍布社会方方面面，特别是一些技术应用型组织自身业务能力强，涉及领域专一，能够弥补政府在信息时代对应用信息技术强化管理能力的不足。由此，开展与政府机构的深度合作，提升政府管理工具的现代化水平，打造更符合信息时代需求的政府信息网络体系成为组织与政府机构关系建构的新趋势。建立战略合作伙伴关系，用企业间合作的方式为政府提供技术服务能够极大地缓解政府在技术工具应用方面存在的人手不足、技术应用能力差的问题，一方面增加了社会组织参与公共服务的热情，另一方面政府通过购买社会服务的方式，以最小、最合理的成本投入获得质量最优的技术服务，这对政府和组织来说是一种双赢的合作结果。

组织在与政府机构通过建立信息沟通机制、合作开展公共服务、构建战略合作伙伴关系等活动中，与政府机构建构了密切的沟通与合作关系。作为社会组织一方，在处理与政府机构的公共关系时要遵纪守法，在合理、合情、合法的框架内，与政府机构开展公开、透明的业务协助与合作，坚决杜绝任何通过贿赂、提供额外福利、私自宴请、送礼等不正当的手段为社会组织谋取私利的行为。作为政府机构，要理性认识机构所拥有的行政职权，尤其是与社会组织沟通的公共关系人员，要做到秉公守法，合理合法地行使职权，坚决杜绝以权谋私、公权私用、请托组织办私事、暗箱操作等违反国家法律法规的行为。

练习题>

简答题

1. 简述政府的社会服务职能。

2. 简述政府关系与政府公共关系的联系与区别。

3. 谈一谈你对社会组织与政府机构之间建立合作伙伴关系的认识。

第六章

媒体关系

本章概述

本章介绍了公共关系对象中的媒体关系及相关的处理技巧，首先，介绍了传统媒体、新媒体与网络媒体的相关知识，分析了媒体在目前组织管理过程中的功能；其次，从媒体关系的概念入手，分析媒体关系在组织公共关系中的作用；最后，从分析组织管理需求入手，分别从建立良性媒体环境、构建协作关系、尊重媒体职业规范等方面提出了组织处理媒体关系的技巧。

结构图

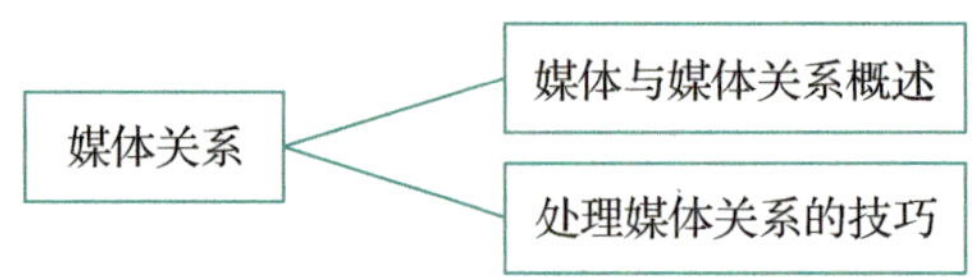

本章要点

1. 媒体的概念。
2. 媒体关系的重要性。
3. 处理媒体关系的技巧。

本章难点

1. 传统媒体与网络媒体的区别。
2. 正确开展组织与媒体之间的互动。

第一节 媒体与媒体关系概述

学习目标

1. 媒体的概念与功能。
2. 媒体关系的重要性。

一、媒体概述

媒体(media)一词来源于拉丁语 medius，意为两者之间。它是指人借助用来传递信息与获取信息的工具、渠道、载体、中介物或技术手段，也指传送文字、声音等信息的工具和手段，也可以指实现信息从信息源传递到受信者的一切技术手段。媒体有两层含义：一是承载信息的物体，二是储存、呈现、处理、传递信息的实体。媒体在现代人类社会一直扮演着十分重要的角色，其既可以成为政府机构宣传政策的通道，也可以成为煽动社会情绪的口舌；既可以成为公众获取各类信息的可靠来源，也可以成为谣言发酵的温床。因此，充分认识媒体的功能及其社会影响力，灵活运用媒体处理社会管理事务，规范约束媒体行业成为各国政府处理媒体问题的重中之重。

媒体的种类很多，大致可分为传统媒体和网络媒体两大类。

传统媒体是相对于近些年兴起的网络媒体而言的。传统的大众传播方式，即通过某种纸张载体或机械装置定期向社会公众发布信息或提供教育娱乐，主要包括报刊、通信、广播、电视等，其传递的信息内容包括文字、声音、图像。由于制作周期相对于网络媒体要更长，所以信息传递速度相对于网络媒体要慢，但比较稳定、安全，且受干扰性较弱。

20 世纪 90 年代以来，新媒体出现在人们生活之中，它是利用数字技术、网络技术，通过互联网、无线通信网、卫星等渠道，以及计算机、手机、数字电视机等终端，向用户提供信息和娱乐服务的传播形态。相较于传统媒体，新媒体有其特殊的功能，最大的特点就是它的消解能力，即新媒体能够消解传统媒体之间的边界，使传统媒体可以通过新媒体打通行业界限，实现彼此互通互融；新媒体能够消解国家与国家之间、社群与社群之间、产业与产业之间的边界，让处于不同行业、不同组织的个体能够彼此自由传递与交流信息；新媒体消解信息发送者与接受者之间的边界，人在新媒体面前既是信息的产生与发送者，也是信息的接受者，信息发送者与接受者之间的关系不再是传统的一对一的关系，而是多对多的网状关系。

进入 21 世纪之后，互联网以最快的速度成为新媒体阵营中最耀眼的传播媒体。网络媒体不但集文字、声音、影像等多种形式于一体，而且又极大地丰富和发展其内容呈现的形式，公众获取网络媒体信息的方式与速度得到了丰富与快速的提升。以网络媒体为主的现代媒体，具有以下几方面的特点。

首先，从传播技术看，以互联网技术为核心的各种高新技术孕育了网络媒体，并伴随其成长。没有全球范围的互联网，没有高速运转的芯片，没有迅速扩展的宽带，没有成熟的数字压缩技术和存储、检索技术，便没有网络媒体。网络媒体对互联网与计算机技术的高度依赖，使得其形式及技术与计算机、网络技术发展速度相一致，而且呈现出高速发展的态势。越来越多的信息技术与网络技术转为民用，并与各类媒体相结合，使得媒体的技术复杂程度越来越高，对技术的依赖性越来越强。

其次，从传播方式看，网络媒体不仅融合了以往各种传统媒体的优势，能融合文字、图像、声音等内容同时发送信息，而且还具有了各种传统媒体所不具备的特点，如跨时空性、可检索性、超文本性和交互性等。过去，人们只能通过读报纸、听广播、看电视了解发生在周边和全球的信息；现如今使用计算机与手机，人们既可以读，又可以听，还可以看，特别感兴趣的信息，还可以进行存储、整理、评说、复制、裁剪，并可以自由地调用和发送信息。这种更加接近自然的人际传播，使传播媒体带来的传播距离感大大减小，更重要的是这些信息都是最新的。从网络媒体传播的功能看，它能使信息传播具有高速、高质、超量、多样化、超时空、超文本的特征，既可同步传输，又可异步传输，由于它的出现，弥补了传统媒体受时空限制的弱点，使得公众可随时随地发送和接收最新的信息。

最后，从传播的方向和机制看，网络媒体突破了以往传统媒体单向传播的模式，能使信息传播具有双向传播的特性。传统的三大媒体，无论形式如何多样，与受众之间也只是一种单向联系，受众只能看、听，最多可以通过电话交流，而网民则可以随时随地上网交流，发表意见和看法。这种被称为“交互性”的特点是网络媒体的特质之一。网民还可以通过网上大量的超文本链接，对阅读的进程方向和结果进行选择，也可以从网上存储的浩如烟海的信息中，根据自己的需要，随意查询，从而彻底改变传统的阅读方式。这些是传统媒体所无法比拟的。

此外，网络媒体还突破了传统媒体使受众被动接受信息的局限，实现了受众驱动式传播，网民将在信息传播系统中逐渐占据主导地位。恰恰利用网络媒体的这种特殊性，通过网络媒体收集网民需求，渲染言论氛围，引导网民意愿与行为等潜在手段使得网络媒体成为政府机构用于社会管理的一把双刃剑。

二、媒体关系概述

(一)媒体关系的概念

媒体关系是指社会组织与广播、电视、报纸、杂志等大众传播媒体机构，以及与编辑、记者、节目主持人等媒体人士之间的关系。新闻媒体是组织与社会公众沟通与联系，向公众展示组织形象的重要平台，也是组织需要建立良好关系的重要原因之一。处理公共关系的最基本的手段就是通过信息沟通获得公共关系双方的利益。传播信息不能不涉及媒体，不能不形成与媒体机构的关系，况且在信息传播速度如此之快，媒体具有高度舆论传播性的今天，搞好媒体关系就成为组织日常公共关系的最重要的一环。媒体关系是公共关系工作中最敏感、最重要的一部分。这种关系具有明显的两重性：一方面媒体是组织与广大公众沟通的重要中介；另一方面从事媒体工作的人员又是需要特别争取的公众对象。媒体与对象的合一，决定了媒体关系是一种公共关系操作意义很大的关系。从对公共关系实务工作层次来看，媒体关系往往被置于最显著的位置，甚至被称为对外传播的首要公众。媒体有着不可忽视的特性，它传递信息迅速、影响力大、可以影响社会舆论、引导民意，对社会的经济、政治局势的变化具有不可忽视的作用。媒体在欧美地区被看作司法、立法、行政三大权力之后的“第四权力”。任何组织和个人都不敢轻视新闻媒体这一重要舆论工具。

(二)媒体关系的重要性

1. 媒体是塑造组织形象的重要推手

媒体作为组织与社会公众之间的信息传递员，它们常常利用手中的宣传工具，利用舆论的力量维护公众的利益，如新闻媒体通过记者对组织的采访，收集各种关于不同类型社会组织的信息，制作成报道节目或专题节目，对企业的生产、经营活动和产品质量进行褒贬评价，从而影响组织形象；又如中央电视台每年举办的“3·15晚会”成为公众了解企业产品质量，评价组织服务水平的重要渠道。可见，媒体通过引导社会舆论，不仅可以扩大组织的影响，提高组织知名度，也可以通过曝光组织负面消息的方式，影响组织的声誉。

小贴士

某公司一幢52层新的总部大楼竣工了。一天，有一大群鸽子飞进这幢大楼一个房间，把它当成栖息场所。公关部经理知道此事后，认为这是一次扩大公司影响的机遇，便着手策划一次有声有色的新闻事件。他首先打电话给城市动物保护委员会，请他们来捕捉鸽子，紧接着又通报新闻媒体这座城市从未有过的“群鸽来访”的奇事。动物保护委员会为不损伤鸽子一根羽毛，用网兜捕捉鸽子，前后足足用了三天时间。在这三天中，电视台、电台和各大报社竞相采访，跟踪报道，使这件事成了这座城市公众那些天关注的新闻热点。这期间，公司首脑充分利用在电台和电视台亮相的机会，频频向公众介绍公司各方面的情况，加深了社会公众对公司的了解，从而不花一分钱就很好地宣传了公司形象，达到了扩大公司知名度、美誉度的目的。

2. 媒体是组织与外界沟通的中介

媒体可以为组织发布广告，介绍新产品，传播新技术；为组织召开新闻发布会，扩大社会影响，提高组织知名度。新媒体形式的多样化，使得组织可以通过各种方式与公众进行沟通，并向公众传递组织希望传递的信息，让公众对组织有更全面和深入的了解。组织借助媒体与外界沟通的渠道变得更为自然和便捷，这就需要组织正视与各类媒体机构与人员之间良好关系的构建，通过组织与媒体之间务实的合作，为组织赢得媒体的信任，提供积极正面的报道。

3. 媒体对组织具有反馈信息的功能

媒体可以帮助和监督企业的经营、政府职能部门的管理，对企业内部的管理人员、销售人员以及广大员工都起到了鼓舞士气和教育警诫的作用。因此，任何社会组织都应该重视媒体的批评监督作用，把舆论作为一种参考指标，来矫正和修改组织的言行。

第二节
处理媒体关系的技巧

学习目标

1. 掌握与媒体沟通的方法。
2. 熟悉媒体的工作规律。

一、主动与媒体保持联系

与媒体建立良好关系的目的是争取各类媒体对本组织的了解、理解和支持，以便形成对本组织有利的舆论气氛，并通过各类媒体实现与大众的广泛沟通，增强组织对整个社会的影响力。媒体及从事媒体工作的人员是社会信息流通过程中的“把关人”，他们决定着各种社会信息的取舍、流量和流向，引领公众舆论的中心议题，能够赋予被传播者特殊的、重要的社会地位，即具有“确定议程”和“授予地位”的功能。某个组织、人物、产品或事件如果成为媒体报道的热点，便会成为具有公众影响力的舆论话题，获得较高的社会知名度；而且，信息通过各种媒体进行客观的报道，容易获得公众的信任，有利于组织美誉度的提高。公共关系的一项重要任务，就是为组织创造良好的公众舆论氛围，争取舆论的理解和支持。因此，与“把关人”建立良好的关系，有助于争取媒体正面报道的机会，使组织的有关信息比较顺利地通过传播过程中的层层关口，形成良好的公众舆论环境。因此，与媒体保持稳定、持续、良好的关系是组织处理媒体关系的关键技巧之一。

在现实工作中，组织与媒体之间是相互需要、相互支持的关系。一方面，社会组织需要借助媒体形成舆论，塑造形象；另一方面，媒体需要取得社会各界的支持，以获得大量准确的新闻信息。社会组织特别是其公关人员应积极主动地与媒体保持联系，及时向媒体提供新闻素材，并为媒体提供各类高质量的、具有新闻价值和可读性强的好稿件，丰富新闻报道的内容和品种，还可以通过会议、电话、信件、私人交往、展览会或组织的文体活动、社会公益活动等与媒体公众进行交往。在主动与媒体取得联系的过程中，要注意通过长期的投入，使双方建立相互尊重、相互了解、相互支持的稳定关系。此外，遇到媒体提出采访要求时，千万不要轻易地用冷冰冰的口气说出“不”字。对于媒体提出的公司不确定的问题，要在组织内部寻求答案后再反馈给记者。

不要轻易对记者做出承诺，但是如果已经承诺了，就一定要履行。经常性的沟通和提供新闻素材、定期的联谊活动等是与媒体记者建立友谊的有效方式。公司的重要成果、重大活动，应及时通知新闻媒体来采访，并帮助新闻媒体了解组织技术性较强的问题，使新闻媒体能准确及时地向社会报道。

二、尊重媒体行业的职业规范

组织机构在处理媒体关系时，要充分体现出对媒体机构、人士的尊重，彼此尊重各自的工作规范、遵守工作环境中各种秩序，本着相互尊重、平等、互相促进的宗旨，建立与媒体的良好关系。在与媒体进行交往时，要尊重媒体的独立性、特殊性和重要性，组织应本着热情友好、一视同仁、以诚相待的原则，必须注意各类不同媒体的职业特点。公关人员同媒体记者的目的和职业特点不同，有时甚至是矛盾的，在这种情况下，就必须尊重媒体职业特点。媒体的职业特点是重视新闻报道的客观性、及时性和公正性，而不受其他势力所左右。尊重媒体的职业特点，就必须尊重新闻记者地位的独立性，对记者的来访必须提供支持和帮助。不能把媒体看成是用金钱、权力和武力去收买、去施压或去威逼就能为某组织歌功颂德或对其他组织谩骂侮辱的工具。组织充分尊重媒体还需特别注意对于层次级别不同的媒体和记者要一视同仁、平等相待，特别是在大众场合、在言语态度上，决不可因媒体及记者的名气大小、级别高低而采取不同的态度，应一视同仁。尽可能使他们获得平等的信息量，让媒体都对公司抱有好感。同时，也要注意对媒体进行研究和分析，了解各类媒体，甚至每个具体的主要媒体的需求方向是什么，然后结合自身的特点与媒体进行“分众”沟通，而不是用千篇一律的方式进行沟通。

三、真实传播组织信息

组织要实现大范围、远距离的沟通，就必须借助各种现代大众传播媒体。大众传播借助于现代印刷、电子等传播技术，大量地、高速度地复制信息，跨越时间和空间的限制，实现大范围、远距离的传播，这是现代公共关系的主要手段之一。但是，大众传播媒体一般不是由组织内的公共关系人员直接掌握和控制的。有关的信息能否被大众媒体所报道，以及报道的时机、频率、角度等，要取决于专业的传播机构和人士。除花钱做广告之外，公共关系对大众媒体的使用必须通过新闻界人士才可能实现。因此，与新闻界人士建立广泛、良好的关系，是运用大众媒体、争取媒体宣传机会的必要前提。与新闻界关系越紧密，组织有关信息的报道数量越多；与新闻界关系越好，组织有关信息的报道质量就越好。媒体关系的这种公关传播性之强，是其他公众对象难以比拟的。

媒体的大忌就是新闻失真，在组织与媒体的交往中，要特别注意真实地反映信息，做到不隐恶，不溢美，实事求是，媒体也要客观地报道组织的信息，这才是真正的合作与支持。有时组织也会出现一些对其形象或名誉不利的“家丑”，如决策上的失误、经营管理上的缺陷、产品质量上的问题等，对此不能采取遮遮掩掩的态度，而应主动与媒体沟通，充分利用媒体对社会舆论的影响，把事实真相如实地反映出去，并把自己的改正措施公之于众，争取社会公众的谅解与支持，从而把组织的声誉损失降到最低。与此同时，组织还要坚持尊重事实的原则。既要尊重新闻媒体的报道，不用拉拢、贿赂、请客送礼等手段引诱新闻记者制作欺骗公众的虚假新闻，同时也要坚持自己的原则，不能为了讨好而一味迎合新闻记者的某种胃口，提供的信息应真实可靠。在与新闻媒体矛盾较大时，任何组织都有权利向新闻媒体提出自己在某一方面的立场，并有权对新闻媒体提出批评乃至诉讼。

四、正确对待媒体的批评或误解

对于媒体的负面报道，如果不失实的话，社会组织应该立即承认错误，着手整改，并通过媒体把自己的态度和行为传播出去，争取公众的理解。如果媒体报道失实，社会组织绝不能暴跳如雷骂上门去，或轻率地对簿公堂，而应该采取理智的做法，心平气和地指出报道失实之处，请记者一起参加调查并委婉提出予以更正的要求。只要组织保持通情达理的态度，媒体也会做出积极响应。而为了确保新闻媒体在报道时不会因犯错而损及组织的利益，公关人员也应采取“事前预防、事后补救”的策略。组织要秉持“被媒体曝光：有错认错，诚实低调”的原则，一旦被媒体曝光，组织应该在第一时间认错，而不是为自己的错误行为辩解。在第一时间认错是赢得公众认可最好的做法，组织应该利用媒体诚恳地向消费者或公众道歉。对媒体恶意污蔑或诋毁组织的行为，组织也要依法依规对不良媒体及报道行为进行诉讼，依法维权，保障组织的核心利益不受任何恶意媒体的干扰与损害。

练习题>

简答题

1. 简述网络媒体的特点。
2. 简述媒体关系的概念。
3. 面对媒体的批评或误解，社会组织该如何做？

第七章

竞争对手关系

本章概述

本章介绍了公共关系对象中的竞争对手关系及处理其关系的技巧：首先，介绍了竞争对手的概念与分类，并分析了竞争对手关系对组织带来的影响；其次，介绍了与竞争对手关系的处理技巧。

结构图

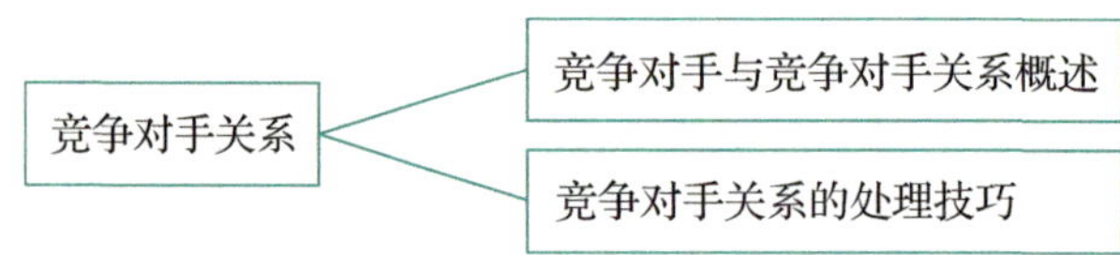

本章要点

1. 竞争对手的分类。
2. 竞争对手关系的重要性。
3. 处理竞争对手关系的技巧。

本章难点

1. 竞争对手的分类与识别。
2. 如何正确创造组织与竞争对手之间的良性竞争环境。

第一节 竞争对手与竞争对手关系概述

学习目标

1. 了解竞争对手的分类与识别。
2. 了解竞争对手关系的重要性。

一、竞争对手概述

（一）竞争对手的概念

在市场竞争日趋激烈的今天，组织不仅要关注组织内部各种关系的变化，还需关注组织外部各种关系的构建与处理，而竞争对手关系的构建则是组织对外生存与发展的重要推动力。构建和谐健康的竞争对手关系能够提升组织所在行业的社会竞争力，进而带动行业整体发展，而不和谐的竞争对手关系会加大、加深组织与各个竞争对手的矛盾，每个参与竞争的组织不仅不会从残酷的竞争中获得利益，还会加大组织之间的误解与关系的撕裂，甚至会引发行业震动。因此，只有充分了解竞争对手关系的内涵与外延，正确认识竞争的优势，构建和谐健康的竞争对手关系，组织才能在市场竞争中合作共赢，业务才能持续推进。现实公共关系活动中，政府及其相关职能部门的竞争对手比较少，或缺乏相当的竞争对手，而对于非政府属性的社会组织来说，竞争对手则是组织在公共关系活动中必须要经常面对的公关对象。对于一个社会组织来说，广义的竞争对手是来自多方面的。组织与自己的顾客、供应商之间，都存在着某种意义上的竞争关系。狭义地讲，竞争对手是那些与本组织提供的产品或服务相类似，并且所服务的目标顾客也相似的其他组织，竞争对手对组织来说意义重大，且类型多样，难以准确处理其中的关系。

(二)竞争对手的类型

竞争对手根据组织提供的服务与竞争对手的实力不同，可以划分为若干类型，主要包括以下几种。

1. 愿望竞争对手

愿望竞争对手指提供不同的产品以满足不同需求的竞争对手。消费者的愿望是多方面的，包括吃、穿、住、行以及社交、旅游、运动、娱乐等。假设某消费者目前需要一辆小汽车、一套公寓、出国度假等，但其购买能力只能允许满足其中之一。该消费者经过多方面考虑，决定购买一辆小汽车。该购买决策，实际上就是能满足上述不同消费愿望的各类消费品出售者之间为争取该消费者成为各自的顾客而进行竞争的结果。因此，组织可以进一步地把所有争取同一消费群体的其他组织都看作竞争对手。

2. 普通竞争对手

普通竞争对手指提供不同的产品以满足相同需求的竞争对手。消费者的某种需求可以通过多种商品得以满足，而不同类型商品满足消费者同一属性需求之间就构成了竞争，如面包车、轿车、摩托车、自行车都是交通工具，在满足需求方面是相同的，生产它们的组织之间就是普通竞争对手。

3. 产品形式竞争对手

产品形式竞争对手指生产同类但规格、型号、款式不同产品的竞争对手。由于这些同种但形式不同的产品对同一种需要的具体满足上存在着差异，购买者有所偏好和选择，因此这些产品的生产经营者之间便形成了竞争关系，互为产品形式竞争对手。如普通家用机动车中可分为小轿车、商务车、越野车、电动车等，这些同一类型的商品之间就构成了产品形式竞争对手。

4. 品牌竞争对手

品牌竞争对手指生产相同规格、型号、款式的产品，但品牌不同的竞争对手。品牌竞争对手之间的产品相互替代性较高，因而竞争非常激烈，各组织均以培养顾客品牌忠诚度作为争夺顾客的重要手段。

(三)竞争对手的识别

对于一个社会组织来说，竞争对手很多，如何准确区分竞争对手的等级，以及在竞争中发挥自己的优势，完胜竞争对手获取顾客资源或销售更多的产品就显得尤其重要。竞争对手的识别主要是为组织区分不同类型的竞争对手，通过合法合规的分析与调查竞争对手的情况，制定相应解决方案的过程。识别组织的竞争对手最客观的方式就是从产品和市场两个角度综合评价：既考虑与本组织所提供的产品(包括提供的服务)的相似性和替代性，又要考虑与本组织希望满足的消费者群体的一致性。一般情况下，如若这两方面的程度都最高，便可以认定该组织为本组织的主要竞争对手。

1. 从本行业角度发现竞争对手

由于竞争对手首先存在于本行业之中，组织先要从本行业出发来发现竞争对手。提供同一类产品或服务的组织，或者提供可相互替代产品的组织，共同构成一个行业，如家电行业、食品行业、运输行业等。由于同行业组织产品的相似性和可替代性，彼此间形成了竞争的关系。在同行业内部，如果一种商品的价格变化，就会引起相关商品的需求量的变化。例如，如果滚筒式洗衣机的价格上涨，就可能使消费者转向购买其竞争产品波轮式洗衣机，这样，波轮式洗衣机的需求量就可能增加。反之，如果滚筒式洗衣机的价格下降，消费者就会转向购买滚筒式洗衣机，使得波轮式洗衣机的需求量减少。因此，组织需要全面了解本行业的竞争状况，制定组织针对行业竞争对手的战略。

2. 从市场消费需求角度发现竞争对手

组织还可以从市场、从消费者需求的角度出发来发现竞争对手。凡是满足相同的市场需求或者服务于同一目标市场的组织，无论是否属于同一行业，都可能是组织的潜在的竞争对手。例如，从行业来看，电影可能是以同属于影视业的电视为主要的竞争对手。但是从市场的观点来看，特别是从满足消费者需求来看，消费者感兴趣的是满足其欣赏影视作品的需求。因此，能够直接播放影视作品的计算机构成了对电影业的竞争威胁。从满足消费者需求出发发现竞争对手，可以从更广泛的角度认识现实竞争对手和潜在竞争对手，有助于组织在更宽的领域中制定相应的竞争战略。

3. 从市场细分角度发现竞争对手

为了更好地发现竞争对手，组织可以同时从行业和市场这两个方面，结合产品细分和市场细分来进行分析。假设市场上同时销售五个品牌的某产品，而且整个市场可以分为十个细分市场。如果某品牌打算进入其他细分市场，就需要估计各个细分市场的容量、现有竞争对手的市场占有率，以及各个竞争对手当前的实力及其在各个细分市场的营销目标与战略。从细分市场出发发现竞争对手，可以更具体、更明确地制定相应的竞争战略。

二、竞争对手关系及其重要性

竞争对手关系常常又称同行关系。一般说来，同一种行业所面临的原料、市场、技术、设备、信息等情况基本是一致的，彼此间有着密切相关的利害关系，相互间很自然地会形成一种竞争关系。过去中国有句俗语叫"同行是冤家"，这典型地概括了这一现象在历史上的表现特点。对于组织来说，它将面对的是来自组织外部的现实的竞争对手和潜在的竞争对手，但不管竞争对手的性质如何，组织与竞争对手都存在着以下两种关系。

（一）相互争夺的关系

即竞争双方都为了自己的生存和发展设法在市场、顾客中，在全部资源获取中力争占有更大的份额，不仅要争夺对方占有的市场，还要积极争夺潜在市场；不仅争夺现有的资源，还要积极争夺新的资源。谁占有了市场，占有了资源，谁就有了长远发展的良好条件。

（二）相互削弱经营能力的关系

这是一种使对方丧失经营独立性和对方努力维护其经营独立性的斗争。在竞争中要设法削弱对手与自己争夺市场及资源的能力，进而扩大自己的争夺能力，因而产生控制对手的动机和行为，而对手也必然采取反控制的手段。因此，组织应了解和研究竞争对手的长处和短处，了解其经营思想、经营战略、经营计划、经营特点及作风等，要了解产业内主要竞争对手的情况、它们的经营战略和策略、竞争对手与同盟者发展变化的趋势和转化的可能，了解主要竞争对手有哪些相对优势、本组织在竞争中的地位、本组织有哪些相对优势和发展机会，从而为本组织战略的制订提供环境依据。

社会上同行间的竞争法则，跟自然界一样，也是"优胜劣汰""适者生存"，这就使得同行关系显得比其他对象公共关系更为复杂一些。在有些地区和行业，同行关系常表现为你死我活的竞争，有时为了压制对手或击垮对手，同行间还不惜采取尔虞我诈、钩心斗角的不当手段。这方面的事例，古今中外比比皆是，举不胜举。其实，同行在很多情况下是没有根本的利害冲突的，它们的利益可以是相通的，所以如何处理好竞争对手的关系，如何把这种关系首先作为伙伴关系来处理，有着战略意义。

第二节
竞争对手关系的处理技巧

学习目标

1. 了解尊重竞争对手的重要性。
2. 了解与竞争对手进行合作的方法。

一、知己知彼，尊重竞争对手

俗话说："知己知彼，百战不殆。"在市场竞争中，妥善掌握竞争对手的相关信息，有针对性地开展竞争公关活动，才能凡事做到有条不紊，在竞争中凸显优势，取得成功。在处理与竞争对手的关系中，既要做到知己知彼，还要认清竞争的目的，尊重与竞争对手的竞争，主要做到以下三点。

(一)应切实把握正确的竞争目的

同行组织间竞争的最终目的应该是你追我赶，友谊竞赛，以谋求相互促进、共同发展。尽管彼此间竞争都是为了提高各自的经济效益，但它们的基本目的仍是为社会多做贡献。因此，应在竞争中牢牢把握正确的目的，而不能单从本位主义或小集团的利益出发，倾轧对手，搞垮同行。

(二)开展公关调查，明确竞争关系的重点

竞争对手根据组织在流通中的环节不同、行业不同、经济性质不同，可分为不同类型。一个独立的商业组织在纷繁复杂的竞争关系中认清同行间的竞争关系，尤为重要。由此，组织公共关系人员需要从行业内部、市场分布、服务区域等方面开展公关调查，准确识别组织在本行业、本区域面对的竞争对手有哪些，并对不同类型的竞争对手进行分类，根据竞争对手的实际诉求与表现设计不同的公关策略，有的放矢地开展与竞争对手之间的关系建构。

(三)竞争的手段应光明正大

同行组织间的竞争决不能违背社会公德，采取尔虞我诈、互挖墙脚、损人利己的

伎俩，这种竞争即使取胜也是不光彩的。应该提倡以科学经营管理、改进技术设备、提高产品或服务质量等正当方式展开竞争，从而能使胜者心地坦然而成为表率，败者心悦诚服而奋起直追。

二、加强业务交流，合作共赢

所谓合作共赢就是指交易双方或多方在完成一项交易活动以及共担一项任务的过程中互惠互利、相得益彰，能够实现双方或多方的共同收益。合作是指双方互相配合做某事或共同完成某项任务；共赢是指合作的双方或多方能够共同获得利益。在现代社会的经济活动中，倡导合作共赢是组织社会生存的基本法则。在处理组织竞争对手关系过程中，不能一味地强调竞争对手对组织的负面影响，而是从负面影响中找寻与竞争对手的合作空间。

(一)保持同行合作

同行组织间虽是竞争对手，但由于彼此根本利益一致、最终目的一致，竞争对手同时又是伙伴关系。双方完全可以在共同目的的基础上，既竞争，又合作，可以相互交流技术成果与经验，可以支援人力与财力，可以共同研究解决专业难点等。这从表面看来与竞争不相干，其实这是另一种意义的竞争，或者可说是提高了竞争的层次，因为能主动协作交流的一方最起码在形象、精神竞争上占了上风。

(二)注重同行交流

市场行业的互相通报，就流通领域共同关心问题举行研讨会，双方经营管理成果的参观和经验的相互交流等方式，都可作为公关手段使用，以促进相互了解和支持。竞争中既要彰显组织的实力与优势，还要认清与竞争对手之间的差距，通过正面的竞争与平时的沟通与交流，找准组织自身存在的短板与不足，学习竞争对手的长处，并将竞争化作组织继续前进的动力。

三、善于处理竞争危机，梳理组织良好的社会形象

作为商业性组织。竞争危机是不可避免的，关键要善于处理这种突发危机事件。面对恶性竞争、结盟竞争等危机，要迅速采取有效措施，绕开危机。对危机中受损组织形象要着手重建，可通过建立有效的沟通来取得利益受损者的谅解，可建立向公众传递信息的通道，来利用信息影响舆论，通过舆论来消除影响。

(一)注重感情投资，促进相互谅解

与竞争对手的竞争危机并不是组织公关活动中的常态，很多竞争危机是完全可以在平时与竞争对手的相处中避免或消除的。公共关系人员一方面要对竞争对手的产品品种、性能、服务质量等内容了如指掌，遇到竞争危机时能够准确识别竞争的危机点在那里，同时快速做出反应；另一方面需要对竞争对手进行感情投资，遇到竞争危机时可以通过相互谅解消解危机的发生，如当顾客在组织提供的商品与服务不能满足其需要时，主动将其介绍到竞争对手那里，既能获得顾客的好感，又可争取竞争对手的认同，创造良好的竞争环境。此外，在宣传推销商品时，不采用揭人短、显己长的做法，以免损害自身的组织形象。

(二)促进互助协作，树立良好形象

由于竞争群体在信息、商品、资金等方面存在着很大的互补性，为联销、联展、联营提供了现实基础。公共关系人员要不失时机，促进合作，争取在竞争群体中树立其“共同发展”而不是“一枝独秀”的良好形象。从战略角度来看，协同合作的方式有利于提高组织的美誉度。

练习题>

简答题

1. 如何识别竞争对手？

2. 简述竞争对手的重要性。

3. 面对竞争危机，如何树立组织的良好形象？

第八章

员工关系

本章概述

本章介绍了公共关系对象中的员工关系及处理员工关系的技巧，首先，介绍了员工的概念与重要性，并梳理了员工的类型与员工关系的重要性；其次，从员工关系入手，分别从加强人文关怀，保障员工权益、建立公平公正的薪酬激励机制、建立管理者与员工之间良性的沟通渠道、优化组织工作环境，创建良好的组织情感氛围四个方面提出了处理员工关系的技巧与方法。

结构图

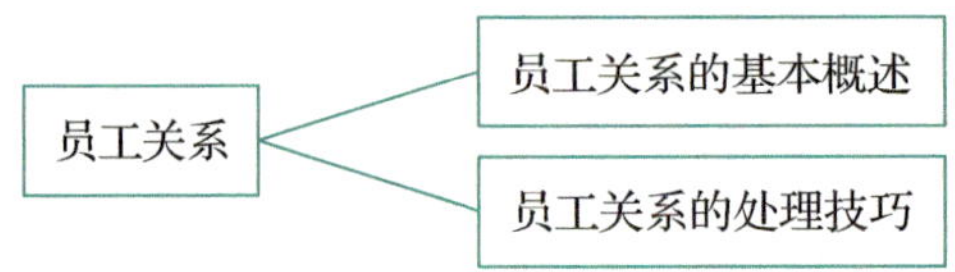

本章要点

1. 员工的概念与类型。
2. 员工与员工关系的重要性。
3. 处理员工关系的技巧。

本章难点

1. 不同类型员工关系的处理方法。
2. 与员工开展有效沟通的方法。

第一节 员工关系的基本概述

学习目标

1. 了解员工的概念与员工重要性。
2. 了解员工的类型。

一、员工与员工关系的概念

管理是围绕人来展开的实践活动，无论是在政府公共管理部门，还是在组织业务部门，围绕员工展开的管理活动比比皆是。员工不仅是管理活动开展的重要人力支撑，而且是部门绩效与财富的主要来源。自古至今，管理者与被管理者、雇主与雇员的关系始终是难以厘清的复杂人际关系。了解、把握并处理好管理者与员工的关系，管理部门才能充分发挥员工的能力开展系列的社会实践活动，维持并持续推动部门乃至机构的发展。

员工是指组织中的职员与工人，包括固定工、合同工、临时工，以及代训工和实习生。员工关系是指组织在管理过程中形成的人事关系，其中包括组织机构中上下级之间的关系，各个职能部门、科室、班组之间的关系。员工是组织的主体，是组织赖以生存和发展的细胞，他们的思想与情绪无时无刻不在影响着组织各项业务的开展，组织的存在价值和发展目标，组织向社会提供的优质产品和服务都通过他们的身体力行去实现。

在市场经济体制下，社会劳动力趋于商品化，员工可以根据自己的意愿自由选择工作，员工流动性逐渐增大，稳定性减弱，但是与机构外部关系相比，机构内部员工关系具有相对稳定性，这种稳定性是组织存在和发展的基本保证，也是组织内部人力资源管理部门努力追求的目标。组织人力资源管理需要与员工建立良好的信任关系，才能维持组织与员工之间的这种稳定性。具有严密组织性的社会组织不是零散的个体集合，而是具有严密的组织程序、纪律和规范并具有独立法人地位的机构。员工需要受到组织内部规范的制约，并按照科学、严密的工作程序和管理规律有机地结合起来。具有利益相关性的员工与组织有最直接、最密切的经济利益关系，员工每天的工作就是为了获得报酬，股东愿意提供资金，也是为了获得更多的红利。利益是维持员工和组织合作的关键，也是维护员工的根本着眼点。

与复杂的社会人际关系一样，在社会组织内部，员工之间的关系也呈现出复杂的形态。由于员工在空间距离上十分接近，且组织为其提供了建立人际关系的场合与情境，并且员工在组织中为了组织的发展目标共同合作与努力，因此员工间的关系一般比较容易建构与协调。由此，组织需要分析不同员工的性格与行为方式，为其建立员工关系提供空间与条件。同时，员工之间还存在着竞争的关系，其中既有部门之间的竞争，也有个人间的竞争关系。良性的内部竞争可以激发员工工作的积极性，为组织提供发展的动力，恶性竞争可能导致内部激烈的冲突和损耗，阻碍组织的发展。所以，妥善处理好员工的竞争关系，将竞争引导至良性的合作，通过合作建构亲密的员工人际关系，以此团结单位内部的各种人力资源，发挥其团队精神，持续为组织贡献智慧与能力。

从广义的员工概念来看，组织中的员工关系包含在组织管理中的方方面面，从组织发展目标与价值观的确立，内部沟通渠道的构建与应用，组织架构的设计与调整到人力资源政策制订与实施等都涉及员工关系的问题。从管理职责来看，员工关系管理主要有九个方面：一是劳动关系管理。劳动争议处理，员工上岗、离岗面谈及手续办理，处理员工申诉、人事纠纷和意外事件。二是员工纪律管理。引导员工遵守组织内的各项规章制度、劳动纪律，提高员工的组织纪律性，在某种程度上约束与规范员工的行为。三是员工人际关系管理。引导员工建立良好的工作关系，创建利于员工建立正式人际关系的环境。四是沟通管理。保证沟通渠道的畅通，引导组织上下及时进行双向沟通，完善员工建议制度。五是员工绩效管理。制定科学的考评标准和体系，执行合理的考评程序，考评工作既能真实反映员工的工作成绩，又能促进员工工作积极性的发挥。六是员工情况管理。组织员工心态、满意度调查，谣言、怠工的预防、检测及处理，解决员工关心的问题。七是单位文化建设。建设积极有效、健康向上的单位文化，引导员工价值观，维护单位的良好形象。八是服务与支持。为员工提供有关国家法律、法规、公司政策、个人身心等方面的咨询服务，协助员工平衡工作与生活。九是员工关系管理培训。组织员工进行人际交往、沟通技巧等方面的培训。

二、员工的重要性

(一)员工是实现组织目标的主要力量

每一个员工都是组织的主体，他们对组织的认可和忠诚是组织赖以生存的基础。组织的方针、政策、计划等也只有得到员工的理解和支持，才能贯彻落实，员工是组织运行的具体实施者。组织与员工的关系、员工之间关系的建构非常重要，组织只有运用公共关系来协调员工关系，促使组织与员工、员工之间相互理解、相互促进，才能使组织的各项工作都能正常运行。

(二)员工是塑造组织形象的基础

对于大多数社会组织而言，组织社会形象的建设一方面通过其为社会公众提供的各种产品与服务的质量，以及其为社会所做的贡献来体现，另一方面则要通过组织良好的管理规范和员工素质予以体现。员工的言谈举止、为人处世、业务水平及服务态度等，都直接或间接地对外传递组织的各种信息，这些信息就是外部公众了解与评价组织的重要依据，是组织建立良好社会形象的基础。

(三)良好的员工关系是组织持续发展的基石

天时、地利、人和是做事成功的三个先决条件，其中人和主要是指组织机构内部和谐的工作氛围与工作环境。组织机构可以通过改善工作的软硬件环境，提升工作环境的质量，但工作氛围的营造则需要建立在和谐的员工关系的基础上。影响员工关系的因素主要表现在员工之间的工作任务、情感和利益分配等方面，因此组织机构需要从这几个因素下手逐一缓解这些影响因素的负面影响，从制度规范与情感维系两个维度开展员工之间磨合与情感建设。

三、员工的分类

(一)决策层领导

组织机构中的上级主要是指机构内部的最高领导层、决策层，一般称为领袖群体，其在组织内部具有极强的号召力和影响力。决策层的素质直接影响组织的素质。决策层领导公共关系的处理主要是塑造决策者的形象，维护决策层领导的利益，消除来自组织内部与外部不实言论对决策层员工的影响，同时调节决策层领导与下属员工之间的关系。

(二)知识型专家

在知识经济时代，拥有知识是对组织内全体成员的共同要求，而知识型专家则是组织在人力资源竞争中关注的重点人群。知识型专家是指具有特殊知识与技能的专家群体，如技术专家、管理专家、公关专家等，他们是组织守正创新的重要推动者。知识型专家公共关系的处理需要全面把握知识型专家的所需所求，通过适当的、有条理的处理手段维系组织与知识型专家之间的关系，同时通过影响决策层领导制订能够稳定、激励知识型专家的政策，调动知识型专家的积极性，以其特有的知识与能力协助组织攻坚与创新。

(三)管理层员工

管理层员工主要是指组织内部各级业务部门和职能部门的主管人员，他们是介于决策层与业务操作层之间的管理群体。管理层员工执行力强、协调性好，对组织的形象比较敏感与关注，他们是组织内部日常公关活动的贯彻者与执行者。管理层员工公共关系的处理一方面通过日常公共关系问题的处理，不断积累工作经验，提高管理层员工处理公共关系的能力，另一方面准确领会决策层领导的意图和业务操作员工的诉求，扮演好承上启下的中间人角色。

(四)业务操作员工

业务操作员工规模最大、数量最多、情况最复杂，他们包括生产服务第一线的职员、工人和后勤部门的保安、司机、厨师和保洁人员等。他们是组织内部公共关系活动的首要对象，需要投入较多的时间和精力，展开深入细致和长期的公关活动。

第二节
员工关系的处理技巧

学习目标

1. 了解不同类型员工关系的处理技巧。
2. 熟悉管理者与员工之间的沟通渠道。
3. 掌握构建良好工作氛围的方法。

一、加强人文关怀，保障员工权益

员工关系，是每个社会组织在日常管理过程中不可回避，且十分棘手的问题。社会组织的发展需要依靠员工的共同努力，保障管理效率与效益的产出。如果说社会组织的运作如同一列高速行驶的火车，那么员工关系就是组成这列火车的车厢，只有每节车厢都有充足的动力，且车厢之间环环相扣，火车才能加速前进。和谐的员工关系需要由管理者主动寻求建立与推动，最重要的是能够准确把握员工的心理，依靠人文关怀与物质激励，保障员工的权益，让员工能够安心稳定地在组织中工作，为组织的发展贡献自己的智慧。从入职时间、工作习惯与工作业绩对员工进行划分，分别采取不同的公关手段，激励其有效地开展工作，主要表现在以下几方面。

(一)针对性格孤僻、寡言少语的员工

处理这类员工关系的最有效策略是与他们进行情感交流，从学习、工作、生活的细节上多为他们做一些实实在在的事，尤其是在他们遇到了自身难以克服的困难时。在任何情况下都不要流露出对他们的表现漠不关心的态度，要像对待其他的员工一样来对待他们。对寡言少语的员工，要多与其进行沟通和交谈。一般而言，只要谈话有内容触到了他们的兴奋点，他们是会开口的。但也得注意，性格孤僻的人喜欢抓住谈话中的细枝末节胡乱猜疑，一句非常普通的话有时也会使其恼怒，并久久铭刻在心以致产生深深的心理隔阂。因此，谈话时要特别留神，措辞、造句都要仔细斟酌。此外，保持耐心很重要。对性格孤僻的人进行管理，有时很容易遭到对方的冷遇，如果遇到这种情况一定要有耐心。“日久见人心”“事实胜于雄辩”，只有到了他们能够完全信任管理者的时候，管理者说的话才会有分量，管理行为也就具备了威信。

（二）针对性格外向、桀骜不驯的员工

处理这类员工关系时，管理者不能完全压制他们的行为与想法，而是要巧妙地利用他们的个性为工作所用。一方面，管理者要细心观察与研究这类员工的性格特点、工作作风以及心理状态，能够为每位有个性的员工设计有针对性的管理方案；另一方面，要经常与这类员工沟通，聆听他们的想法，不要急于反驳与争辩，要给予其一定的认可，当他们安静下来时，再提出明确的、令人信服的意见和办法。对他们的成绩要及时给予公开表扬，同时也要多提醒他们冷静地思考问题。

（三）针对勤恳劳作的员工

勤恳劳作的员工往往被管理者称为“老黄牛”式的员工，这类员工勤勤恳恳、踏踏实实、不张扬，虽然为组织的发展兢兢业业，但他们可能没有太突出的成绩，领导也很少能够关注到这类员工，但组织却离不开他们。因此，管理者不能因为这些员工低调而理所当然地忽略他们的成绩和存在，应该一视同仁，像对待那些为团队做出突出贡献的员工一样来用心对待他们。管理者可以经常与其进行沟通，肯定他们为组织做出贡献的同时，倾听他们对其所承担工作的意见，掌握他们的心理变化情况。

（四）针对墨守成规的员工

在员工关系处理工作中，管理者经常会遇到一些墨守成规的员工，他们往往我行我素，对人冷若冰霜。尽管你客客气气地与他寒暄、打招呼，他也总是爱搭不理，不会做出你所期待的反应。墨守成规的员工天生缺乏创意，喜欢模仿他人，做人、处世的方法和语言都按照别人的样子，既没有自己的主见，也没有自己的风格。同时，他们也不喜欢接受新事物与新情况。针对这类员工，管理者不仅不能冷淡他们，反而应该多花些工夫，仔细观察，注意他们的一举一动，从他们的言行中，寻找他们真正关心的事情。一旦你触及他们所热心的话题，对方很可能会一扫往常那种墨守成规的死板态度，而表现出相当大的热情。处理好墨守成规员工的关系，关键在于要有耐心，要循序渐进。如果管理者能够设身处地地为他们着想，维护其利益，逐渐使对方去接受一些新的事情，从而改变和调整他们的心态，那么，他们可能对管理者与整个组织心存感激，这样，不但可以使他们改掉墨守成规的毛病，也可激励他们接受新生事物，积极投入工作中。

二、建立公平公正的薪酬激励机制

根据马斯洛需求层次理论，第一层次是满足人生理上的需求。薪酬是员工稳定与

组织关系和谐最重要的因素，同时员工工作的第一目的就是为了满足饱腹的生理需求，当一个组织的薪酬对外不具竞争性，相关权益得不到保障时，往往会导致员工采取一些极端手段来表达不满和诉求，而这样的结果对于组织和员工来说是两败俱伤的。因此，组织应该适时调整薪酬体系，让劳动报酬体现劳动价值，减少员工的不满情绪来避免与组织发生冲突。除了马斯洛第一层次的需求外，第四层次的“尊重的需求”以及第五层次的“自我实现的需求”也是让组织和员工能更好协调彼此关系的保障。薪酬是属于第一层次的需求，而科学合理的激励机制则是可以满足员工在第四层次和第五层次的需求。

组织建立合理的晋升制度，通过分析员工各项能力以及综合情况，对优秀员工授予荣誉和给予奖励，而对于相对较差的员工，可以提供分阶培训。在此基础上进一步为全体员工指导和建立健康有效的职业发展和晋升方向。这种结果导向对于组织和员工来说，是“双赢”的。组织可以获得专业的人才以及员工的认可，从而更有效地促进员工关系和组织发展。而对于员工来说，在物质上的需求得到满足后，他们能得到精神上的慰藉，可以更快地对组织产生认同感和归属感，进而更加努力为组织进行奋斗。

案例

老板奖励员工在超市抢购一分钟，员工称“比直接发钱刺激”

安徽阜阳一老板奖励员工到超市一分钟抢购，所有放到购物车物品均由老板买单，事先规定只能抢购单价 100 元以下商品，易碎物品不能抢。员工争分夺秒的场面十分欢乐，有员工称，最多的抢了 1000 多元的商品，感觉“比发钱都刺激”。这段员工抢购的视频，在网上引发了广泛的传播。视频中，员工站成一排，一声令下之后向货架发起冲刺，场面十分热闹。评论区的“画风”也相当有趣，比如，很多网友戏称，“超市为最大赢家”。客观地讲，在限制抢购商品单价的前提下，员工能够拿到手的福利是比较有限的，抢购最多的商品价值也只有 1000 多元。老板在没有付出太多成本的前提下，却登上了热门，收获外界好评，说到底还是因为形式较为新颖，有互动性，有参与感。抢多抢少，全靠自己的技巧。

有人表示，不直接发钱，还限制商品单价，反而显得老板有些“鸡贼”。从员工的“战果”来看，超市抢购的刺激奖励，是有些形式大于实质。但这毕竟只是该老板给予员工的一种福利，并非法定福利，老板完全可以什么都不做，所以没必要去苛责，何况参与的员工也比较高兴满意。

换个角度看，直接发钱的方式更实用，员工拿到钱可以自由支配，但这种形式大于实质的激励手段，能够引发热烈的讨论包括点赞，也能说明一些问题。就大环境而言，劳资关系的融洽程度明显还有待提升。无休止的加班、狼性的企业文化，包括最近火热的“拿命换钱”风波等，多少会在老板和员工之间制造隔阂。在冰冷的职场氛围之下，很多企业的员工其实并没有掌握能够释放压力的职场解压方式。比如，在过去的几年，最热的词语之一要属“打工人”。这一自嘲式称呼，能成为具有共鸣的热词，也反映出职场压力之大。对很多员工来说，和公司、老板“互动”的形式，更多时候恐怕还是围绕工作进行螺丝钉式的运转。

基于这层背景，不难理解一次抢购活动为何能引发外界围观。参与抢购的员工，感觉“比发钱都刺激”，也说明他们未必真的是在意抢到的商品价值，而是活动本身提供了一种有趣的互动形式。刺激、新奇、有趣，在“打工人”的字典里，这些元素无疑是较为稀缺的。至少对员工来说，在冲向货架的那一刻，他们不需要考虑工作的进度，不需要考虑年底的考核压力，只需要想着如何最大限度地“薅老板的羊毛”。而从员工的反馈看，让他们体会到职场的欢愉，其实也花不了多少钱。

这当然不是夸赞老板，而是陈述某种事实——在压力型的职场氛围中，我们的确缺少既能解压又能带来欢乐的互动文化。不管怎么说，“打工人”焦虑弥漫的职场，需要一些新鲜元素去刺激。当然，这一切都建立在员工合法权益得到保障的前提下。如果偷换概念，通过各种花里胡哨的形式创新，来替代原本就应该兑现的法定福利，以此来节省企业运作成本，那才是真正的“鸡贼”。

案例解析

老板奖励员工抢购的案例在网友的评价中呈现出截然不同的评价，但我们应该为这位老板设计的活动点赞。在实际管理工作中，员工非常关注组织能给其带来多少除工资之外的福利，这是激励员工努力工作的动力之一，但激励的方式不仅仅是单一的金钱方面的奖励，像案例中提到的超市一分钟抢购案例同样也是奖励，但奖励方式却十分轻松，虽然一分钟的抢购不一定能给员工带来多大的福利，但奖励本身并不是纯粹的金钱，而是奖励的过程，以及老板对员工一年工作的肯定。因此，奖励员工的方式多种多样，关键在于管理能够切身实地地从员工的需求着手，从给予员工奖励的效果着手去设计激励员工的方法。

三、建立管理者与员工之间良性的沟通渠道

沟通是处理好员工关系的十分重要且必要的途径。通过沟通了解员工的真实想法，对于改善组织的人力资源政策有很大的帮助。组织中的员工来自世界各地，有着自己独特的性格以及说话和工作方式，增加成员之间的沟通机会，会让组织的信息变得更加透明。一般来讲，信息沟通状况好的组织，员工关系会比较好，特别是在项目或者

是组织制度、组织文化等决策上，可以多让员工参与进来，不仅可以树立员工的责任感，而且可以让员工和组织的相处更加融洽。良好的沟通建立在公开、透明的信息传递与共享机制前提下。员工作为组织的一分子，如果对组织的情况不了解，特别是对与自己业务工作、个人利益相关的信息获取不充分、不及时、不准确，便会对组织产生猜疑、烦恼与对抗的心理与行为，从而造成员工与管理者之间、员工与员工之间的隔阂、斗争和内耗。信息沟通，尤其是双向的信息沟通是组织建立良好员工关系的重要方式。

组织内部的信息沟通是多流向的，主要包括纵向信息传递和横向信息传递。

纵向信息传递是指组织内部上下级之间的双向信息交流与沟通，即通常所说的“上情下达”与“下情上传”。纵向信息传递可以使组织的意图与员工的诉求通过规范的信息传输通道快速被管理双方知晓，从而达到组织内部信息流通的和谐统一，使组织形成上下一心、同心协力的良好工作氛围。一方面，组织可以利用多种方式做到上情下达，如在组织内部发放各种正式公务文书、文件资料、小册子、简报等，向员工宣传组织的政策和各项制度，同时也让员工第一时间了解到组织在人事安排、薪酬发放、职务晋升等方面的最新消息，以得到员工的认可和支持，同时宣传组织在一段时间内取得的成绩或面临的挑战，让员工对组织有强烈的荣辱感，增加员工的危机感和紧迫感，增强员工的斗志和本组织的忠诚。另一方面，组织可以开通员工意见上达的平台，如建议征集系统、投诉举报信箱、员工心理疏导室、专门投诉机构等，员工通过上述平台向组织中的上级机构和管理者汇报工作、投诉、抒发意见、提出抱怨等，让组织管理者能够第一时间了解员工的不满、诉求与建议，作为决策或下一步工作调整与开展的依据。

横向信息传递是指组织内部各个职能部门、各个员工之间平行的信息沟通。横向信息传递可以沟通各个职能部门之间的信息，拓宽管理人员的视野，支持彼此的工作。员工之间的交流可以增进友情、团结合作；管理人员之间的交流可以协调职能、互相支持；领导者之间的交流可以彼此体谅、协商政策执行方案、达成共识等。横向交流方式比较多，如团建活动、培训会、联欢会等。

四、优化组织工作环境，创建良好的组织情感氛围

工作环境可以分为两种，一种是硬环境，即工作场所环境，当员工一直处于冬冷夏热的办公环境时，相信很容易对工作状态造成影响，进而可能会导致员工产生离职的念头，所以恶劣的工作环境往往比较难以留住员工，也会让员工关系变得更加难处理。另一种是软环境，即人际关系，如果组织中每个层级之间都充满了裙带关系，或

者员工之间的相处模式不是相互排挤，就是相互钩心斗角的话，往往会导致员工积怨，影响工作的心情，造成部门的不团结，更糟糕的是，这种长期下去的死循环，往往会给组织造成巨大的人力和财力损失。所以无论是硬环境还是软环境，都需要组织进行优化和友善经营，才能给员工创建良好的工作氛围，提高工作激情和团队合作精神，进一步有效协调员工关系。

组织中员工关系的处理除了依靠外在制度规范与外在手段外，还需要从情感维系层面为员工构建良好的组织情感氛围。培养融洽的家庭氛围，即对员工在工作之外的时间，从生活的各个方面给予积极的关系，使员工感到置身于组织之中，犹如在家里一样，有一种安全感、舒适感和归属感。具体做法包括：其一，感恩之心，凡事为员工着想。员工是组织效益的直接参与者与缔造者，对员工的尊重与感恩，让员工能够感受到组织管理者对其努力与工作效果的认可，对其来说是一种动力，也是一种家庭成员之间的鼓励与支持。如员工出现工作失误时，管理者不要急着处罚，或者指责，而是要耐心地帮助员工，找到过失的根本原因，并鼓励员工正确地面对过失。其二，和蔼可亲，不要吝惜鼓励和赞美。在组织的日常工作中，管理者与员工是平等的，都在为组织工作，所以管理者不要傲慢无礼，而是要和蔼可亲。在日常的工作中，千万不要吝惜你的鼓励和赞美，赞美的力量不仅可以让团队走向成功，更能够给予员工一种心灵的归宿感。其三，宽容大度，要给足员工面子。有些管理者不分场合不分情况地胡乱指责员工，甚至大声地训斥员工，丝毫不顾及员工的面子，认为这样做就可以在员工中树立威信，让员工都听自己的指令，但这是一种非常不理性的做法。管理者要明白，给员工面子就是给自己面子，因为员工是你的员工，丢脸也是丢你的脸。其四，不吝惜对员工的奖励，积极组织各种团建活动。团队建设活动是员工培养感情的重要平台，作为管理者，可适当参与到活动中，并在活动中表现出管理者的风度，与员工打成一片，拉近与员工的距离。

练习题

一、简答题

简述员工关系的概念。

二、论述题

面对不同类型的员工，应当如何实施有效的公关手段处理员工关系？

第九章

公共关系活动的策划与实施

本章概述

本章介绍了公共关系活动的策划与实施。首先，介绍了公共关系活动策划的含义、公共关系活动策划的原则、公共关系活动策划的作用、公共关系活动策划的特点、公共关系活动策划的基本内容、公共关系活动策划过程分析等内容；其次，介绍了公共关系活动方案策划，包括公共关系活动方案策划定位、公共关系活动方案策划创意等；最后，具体阐明了一些公共关系专题活动的策划与实施。

结构图

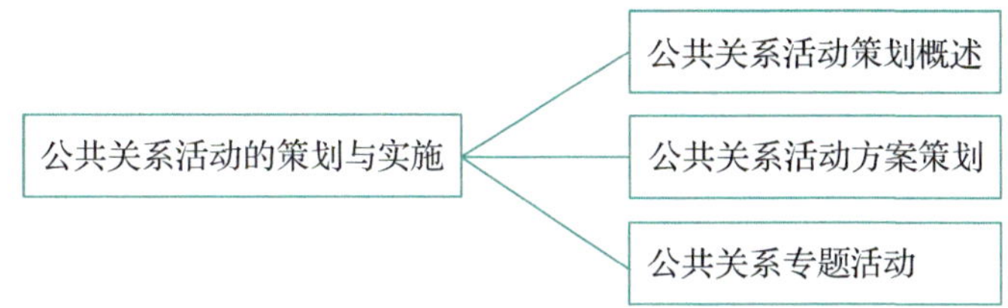

本章要点

1. 如何策划和实施公共关系活动。
2. 公共关系活动策划的原则。
3. 公共关系活动策划的意义。
4. 公共关系活动策划的基本内容。
5. 公共关系活动策划案的写作过程。
6. 了解开放参观活动、新闻发布会、展览会、赞助活动等公关专题活动。

本章难点

1. 公共关系活动策划案的写作技巧。
2. 公共关系活动方案策划创意形式。

公共关系活动策划就是组织为了更好地协调与社会公众的关系，对整个组织活动进行全局谋划，以此来指导公共关系活动，塑造自身在民众中的出色形象，并对整个公共关系活动的最终成效做出评判，借助谋略意识，设计公共关系活动程序和媒体宣传方案的一种思维过程。

在整个人类社会发展史上，包括政治、经济、文化以及社会生活等各个领域都存在策划的现象，是人们充分发挥主观能动性，根据实际状况，力图以最小的投入，获取最大的利益，具有很强的目的性。策划既受制于社会特定条件和发展趋势，又受制于自身条件和变化趋势，需要科学分析策划环境，充分了解时间和空间的特点。公共关系活动策划的制定需要对活动全局进行科学分析，充分了解活动特点，运筹帷幄，只有这样制订出来的策划方案才能指导活动进行，并同时引起社会大众的普遍关注与认可。为了使得策划案能够在实际应用中取得好的成效，策划案的制订需要遵循内容新颖独特、富有品位；实际运行上讲求实效、切实可行；情节设计上遵循战略优先、利益平衡等原则来设计公共关系的具体运作方案。

第一节
公共关系活动策划概述

学习目标

1. 掌握公共关系活动策划的含义。
2. 公共关系活动策划的原则。
3. 明确公共关系活动策划的基本内容。

一、公共关系活动策划的含义

公共关系活动策划的含义在学界还有一些的争议，不同的学者对此均有不同论述。本书认为公共关系活动策划是指公共关系人员在调查研究的基础上，根据组织的现状和目标要求，分析现有条件，确定公共关系目标、谋划公共关系战略，计划、设计最佳公共关系行动方案的过程。科学的公共关系活动策划理论能够为公共关系活动的正常开展提供有力的理论指导，当然，公共关系活动策划不仅包括策划理念，也包含公共关系理论内容。

战略策划和战术策划是组成公共关系活动策划的两个维度。组织主体通过科学的理论指导与系统的方案规划对公共关系进行长远的顶层设计是战略层面的策划；充分发挥主观能动性对具体的策划案进行设计、实施、组织则是战术层面的策划。

公共关系活动策划案的顺利实施需要满足以下几个条件：第一，策划案需要具有一定的目的性，且具体目的要明确可行，能够科学指导实践；第二，策划案的制订需要对现实情况进行实际调研；第三，策划案的制订要对活动内容进行深入分析；第四，策划案与实际行动具有密切关联，策划案的制订过程是在图纸上反映客观活动的一个过程。公共关系活动策划内的理解有以下几方面。

(1)公共关系活动策划作为公共关系活动的最高层次，对公共关系的全过程运作具有顶层指导作用，因此，公共关系活动策划的每个步骤都必须以公共关系活动的顺利运作为先导，以具体执行策划为核心。

(2)公共关系活动策划是公共关系活动中的一个独立部分，因此在公共关系活动策划制订的初期应该从全局上调研策划活动的内容，以此为公共关系活动策划独立的实施方案。

(3)公共关系活动策划是依据公共关系目标，确定活动主题、界定活动人员、制订活动方案的一个过程。

(4)公共关系活动策划案的制订是反映策划者主体思维的一个过程，是一种主观的构想。

二、公共关系活动策划的原则

公共关系活动能否顺利进行，很大程度上取决于公共关系活动策划案，为此，公共关系活动策划案的制订必须遵循以下原则。

(一)统一性与目标性

公共关系活动策划作为人们组织活动全局中的一环，其本身目标是为组织活动目标的顺利实现所服务的，为组织活动提供应用价值导航。在公共关系活动策划中，要密切联系实际情况，协调好与其他部门之间的关系，做到各个独立部门与机构整体相统一。公共关系活动案的策划需要注意各个子要素之间的相互协调、相互联系，在计划的制订上既要有阶段性，又要有一定的持续性。同时，应该将策划主体内外部各种因素进行综合系统分析，寻找最能发挥组织优势、最能适应环境气氛和公众需求的方式方法，充分体现它的整体性。

并且，公共关系活动策划案具有一定的层次性，但无论是哪一个层次的策划都具有一定的目的性。战略策划是为了使公共关系活动能够更加贴合组织部门的目的要求，而操作策划和专门策划的目的性就更加明显了。明确目标是公共关系活动策划案设想计划或规划方案必须遵循的原则，只有具有明确的目的性，策划案的实施才能给组织部门带来利益。

(二)创新性与持续性

公共关系活动策划案要根据组织部门所处的社会环境条件、公众对活动的期待以及在活动进行中诸要素可能发生的变动等情况，进行具有独创性的规划，亦正是这种创新精神，才使组织部门所策划的活动能够顺利开展。

偶发性成功的公共关系活动不能为组织部门在社会民众心目中塑造起持久的良好形象，而是需要组织部门的不断积累，即社会公众只有多次参与公共关系活动才能对组织部门的形象建立起更加准确的评判。因此，在倡导公共关系活动策划案具有创新性的同时，也要注意其持续性，二者相辅相成。

(三)计划性与灵活性

公共关系活动策划案最大的特点在于其本身所具有的计划性，在公共关系活动之前，策划案已就活动发生的始终做了最全面的计划与布局，其中所涉及的组织活动各方面内容，如人力、物力、财力等已做了最科学的配备和协调，所以在组织活动中应保持公共关系活动策划案的相对稳定性。

但是由于不可控因素的影响，所策划的活动内容可能会处于变化之中，活动内容、程序可能会由此发生变化，为了更好地应对这种情况的发生，活动策划方案应对此留有变化的余地，使方案的内容制订具有一定的灵活性，做到计划性与灵活性的统一。

(四)科学性与可行性

公共关系活动策划案的制订要坚持以客观的现实情境为依据，以此做到科学、客观、真实和公正。策划案制订之前要进行细致的公共调研，从而制订出能够符合实际状况的公关目标，并排除外在主观因素的影响，坚持以科学的态度保证策划案的真实可行性，并在此基础上策划出公众可接收的方案。

可行性所要描述的是策划方案在指导实践上能够切实可行，因此，在策划案指导实践之前必须得对策划案本身进行细致审视，对其可行性进行科学分析。为此，我们必须遵循以下几个原则。

1. 精准性原则

公共关系活动策划案指导实践的效果如何，要看最终活动的成效，因此策划案必须得对组织活动最终可能发生的结果做出效益和利害风险分析，做到精准把握。

2. 效益性原则

如果一份公共关系活动策划案的实现需要有大量人力、物力和财力的支持，那么组织人员就需要对此方案的可行性进行重新评估和判断，因此，在组织活动中遵循效益性原则亦是非常重要的选择。

3. 客观性原则

组织活动策划案是组织者充分发挥主观能动性的结果，其中夹杂着太多主观性思维，但不管如何主观，活动的组织策划案必须要以科学的理论为导向，将主观能动性思维和科学的想象统一起来。

4. 合法性原则

组织活动策划案的制订要符合社会主义核心价值观，更要与社会法制环境相统一，遵循法律法规的约束等。

三、公共关系活动策划的作用

(一)厘清思路

公共关系活动策划案体现着策划人对整个活动进行谋划的思考过程，这就要求策划人必须要有缜密的思维目的、严谨的逻辑体系以及科学的思维结果。策划案主要目的就是杜绝人们在公共关系活动中的无序行为。所以，公共关系活动策划案能够指导组织者在活动中厘清主次、辨明方向以及把握整个活动的运行节奏，使得公共关系活动的进行能够层层相接、环环相扣。

(二)指导行为

公共关系活动策划案中对组织活动进行了规划和运筹。为了使组织活动能够朝着预期的方向发展，策划案对组织活动发展的每个阶段、每个行动细节均做出了系统、科学的安排和筹划，也对公共关系活动的未来发展趋势、发展方向做出统一的规定和要求，以保证公共关系活动不偏离原本的“航向”。

(三)开启创意

公共关系活动策划案中流露着组织者的创新思维，其更是脱离了低级的思维模式，以一种具有顶层设计的角度，来追求公共关系活动策划的创造性劳动，追求唯一性、独立性，达到公共关系创意的不断进步。

(四)咨询策划

公共关系活动策划案是组织者进行决策的重要依据，亦是决策者做出最后决策的前提条件，其是组织策划活动中不可缺少的一部分。换言之，没有公共关系活动策划案就没有对组织活动的全局安排和掌控。从公共关系活动策划的初选，到公共关系活动策划的优选，再到公共关系活动策划的落地实施，每一个环节都是环环相扣、层层相连的。若失去公共关系活动策划案对组织活动的支持，组织活动的开展便将寸步难行。

(五)促进竞争

公共关系是某一组织为改善与社会公众的关系，促进公众对组织的认识、理解及支持，达到以树立良好组织形象、提高企业竞争力为目的的一系列公共活动。那么如何使组织在激烈的市场竞争中立于不败之地，如何使组织获得社会大众的支持、理解与认同，皆是公共关系活动策划需要解决的问题。

四、公共关系活动策划的特点

与计划案相比，在公共关系活动策划案中，必须体现出科学的预见性、明确的目的性、新颖的创造性和切实的可行性。

(一)科学的预见性

公共关系活动策划案最大的魅力在于它具有很强的预见性。通过运用预见性思维，策划案能够提前预知组织活动的未来发展方向，最大限度地杜绝可能发生的不足，也就是说没有预见性，就没有组织策划案。因为一个齐全的组织活动策划案基本上包含了决策和预测两个完整部分，作为决策其要在预测的基础上对组织活动的行动方案和应对对策进行谋划；作为预测要根据组织活动未来可能发展的方向进行准确的预估和判断。从这个意义上讲，任何一种策划文案都是“大胆设想，小心求证”的预见性结果。这种预见性是组织者对活动发展的预判和前瞻，亦是对促进组织活动的有利因素和阻碍活动发展的不利因素的科学分析和清醒认识。预见的本质是对组织活动规律的掌握和经验的积累，更是策划成功的根本保证。

(二)明确的目的性

公共关系活动策划为了使活动能够达到某种期许，其都是带有一定目的性的，这种目的性促使组织者战胜各种困难，以达到活动的目标，因此在策划文案中都详细地记录着活动的目标。如广告目标在于传播产品使用价值，打造品牌意识；公关目标是指组织通过策划和实施公关传播活动所追求和渴望达到的一种状态或目的，是公共关系全部活动的核心和公关工作努力的方向；企业理念目标是企业在持续经营和长期发展过程中，继承企业优良传统，适应时代要求，由企业家积极倡导，全体员工自觉实践，从而形成的代表企业信念、激发企业活力、推动企业生产经营的团体精神和行为规范。这种量化越具体、越细致，就越容易遵照执行。

(三)新颖的创造性

公关关系活动策划案作为组织活动进行的指导性理念，是组织者充分发挥主观能动性所创造的结果，其中彰显和渗透了组织者的智慧理念。公关关系策划案所呈现出来的是新的理念、新的手段、新的信息和新的语言，作为策划案，其要具有创造性、唯一性，这样才能体现出策划案独特的价值。倡导在公共关系活动策划案中充分发挥组织者创造性的同时，亦要杜绝在策划案拟订上粗制滥造和脱离客观实际等不好现象的发生。在策划案的制订过程中要结合客观实际进行创新和创造，这样所拟订的策划案才具有说服力和感染力，能够科学指导实践。

(四)切实的可行性

任何策划案的制订都不是简单的纸上谈兵，而是要付诸实践，成为指导活动顺利进行的指导书。因此，策划案必须要对组织企业的现有资源和条件进行准确把握和精准调研，使得方案所涉及的每一个环节、每一个程序都能顺利实现，并得到一一落实。

五、公共关系活动策划的基本内容

公共关系活动策划案的实施是以其具体内容为指导的，内容也就是策划案具体的方针理念，无论单项内容还是多项内容甚至全部内容，都为策划者规定了特别的角度或层面。策划案应该对实际活动的每项内容、每个程序都有一个全新的、系统的认识和把握，了解公共关系活动策划的基本内容，将有助于组织者构筑全面系统的公共关系活动策划体系。公共关系活动策划应该包括以下几个方面的内容。

(一)公共关系目标

公共关系目标的制订是公共关系活动策划案的首要内容，不管是何种文体的策划案，首先应该确定一个可行、确切的目标，然后才是在后续工作中围绕这个目标进行具体的规划与安排。目标策划是整个策划案的主体与核心，整个策划案都应该围绕策划目标进行，并从根本上遵循社会组织的公共关系目标，其主要包括总体目标、阶段性目标、对象性目标、活动目标等各种具体内容，它将统领整个公共关系活动策划体系。

(二)公共关系战略

公共关系战略也称公关战略，是指某一个组织围绕着公共关系这一核心，以未来为导向，为实现组织公共关系总体目标的长期性和整体性的谋划与对策。其具有抽象性、指导性和相对稳定性的特点。

(三)公共关系政策

公共关系政策包括宏观政策策划、对象性公共关系政策策划、活动内容政策策划以及相互沟通政策策划等类型，其能够直接处理公共关系所遇到的各种复杂性问题。受公共关系状态复杂化的影响，为了更好地指导组织活动，公共关系政策的制订应随着实践的发展，不断调整。

（四）公共关系行为规则

公共关系行为规则策划主要包括公共关系办事程序和规则两方面，前者主要解决的是重复性发生的公共关系问题，为此所制订的解决方案，而后者则主要是在具体公共关系场合和具体公共关系情景下，允许或不允许采取某种特定行为的规定。

六、公共关系活动策划过程分析

公共关系活动的进行需要按照调查、策划、实施、评估的步骤来进行，其本身所体现的是一种动态的调节过程。而其中策划则是整个动态过程中最为重要的一步，其也跟随公共关系活动具有一定的动态性。因此，在进行公共关系活动策划时必须对这一动态过程进行监测，揭示其本质规律。

（一）信息的分析

公共关系活动策划案的信息分析是指组织者依据调研所收集到的信息，以定性或定量研究方法为手段，通过对信息的整理、鉴别、评价、分析、综合等系列化的加工过程，最终为拟订策划方案所服务的一项具有科研性质的智能活动。

公共关系活动策划者在对信息进行分析时，主要要分析两大类信息：一是有关组织自身的一些信息内容，包括组织建立历史、组织的现实状况，以及之后发展的战略目标，具体有人事、财务、产品质量、办事效率、服务态度、技术水平等诸具体因素；二是影响组织运行的各种社会信息，如组织目标公众、竞争对手、国家的政策法规、合作伙伴、传播媒介以及财政、金融、交通、能源、通信、人口等方面的背景及信息，从中去发现对组织有利的契机和不利的因素，如此才能策划有成效的公共关系活动方案。

（二）目标的确定

目标的确定是公共关系组织活动策划案写作中重要的一环。策划者在对信息进行分析的基础上，总结经验，发现问题，然后根据现有条件，提出解决问题的方案，确定目标。按照范围区分，目标可以划分为两类：一类为公共关系战略目标，也称公关战略目标，是指某一个组织围绕着公共关系这一核心，以未来为导向，为实现组织公共关系总体目标的长期性和整体性的谋划与对策；另一类为战术目标，战略目标是整个企业争取达到的目标，而战术目标则是为达到战略目标建立的，战术性目标是战略目标的具体化。如法国白兰地在美国精彩亮相的公共关系活动策划，成功地实现了提高白兰地在美国的知名度这一战略目标。

(三)公众的辨认

公共关系活动策划案主题是针对一定的受众所设计的，所以在策划之前要了解受众有什么样的需求、什么样的特点以及对组织的态度如何，从而更有针对性地设计策划案的实施方案与主旨内容。只有辨明了相关的公众组织，才可能设计出更具特色的组织关系内容与活动主题，进而选择有效的媒体进行推送，才能得到公众的支持与合作，并与公众建立起良好的合作沟通关系。

(四)主题的设计

活动主题是公共关系策划案的核心，贯穿于整个策划案之中，是策划案的灵魂，亦是对整个组织活动的高度概括和凝练。主题的设计在于提高公众对组织活动的辨识度，比如，北京奥运会的主题为“新北京，新奥运”，这一主题给公众留下了深刻的印象。具有创造性是活动主题策划的重要原则，为此，必须明确构成主题的三要素：第一，要服从和服务于策划目标；第二，要有独特新颖、具有个性特色的信息；第三，要融入公众需求。

(五)媒体的选择

公共关系活动策划案要最终达到某种效果，就必须通过媒体将信息内容传达给公众，并与公众进行良好的互动沟通。在媒体的选择方面，报纸、广播、电视、杂志、电影等形式是进行传播最传统的方式，它们亦在所有媒体中始终占有举足轻重的地位。但随着科学技术及通信技术的飞速发展，网络传播(微博、微信、客户端等)逐渐成为大众进行信息传播的主要工具载体。同时，在进行信息传播时，组织者可针对不同的用户群体，选择不同的传播媒体，比如，针对老年群体而言，选择报纸、电视、广播等传统形式的传播媒体比较恰当，而针对善于接受新事物的年轻人而言，新型的网络传播媒体可能更符合他们的“口味”。

(六)计划的编制

为了使公共关系策划案更具有操作性，策划者在完成信息调研、主题拟定以及媒体选择之后便要进行计划的编制，计划编制是对公共关系策划的一个总体构想。公共关系策划者所拟订的计划大致有两类：一类为总体战略策划，包括年度公共关系具体目标、主题、活动项目、财务预算及人员分工等；另一类是活动项目的具体策划，也就是某一次公共关系活动计划的编制，包括这次活动的主题、活动方式、活动步骤以及活动经费等。

(七)经费的预算

经费是策划活动开展的重要保障，只有有充足财力的支撑，计划才具有现实性和可行性，因此必须得对经费进行科学预算。公共关系活动策划案经费的预算要做到经济效益和社会效益相统一，公共关系活动对企业来说是一种长期投资，在考虑策划活动的同时也要积极考虑活动给企业带来的效益，计算好投入产出比，把钱花在关键的地方，这就需要有科学的经费预算。经费预算一方面可以使策划活动的开展更具科学性、合理性，另一方面也可以判断活动是否有开展的必要，为下一步活动提供参考依据。

(八)方案的审定

公共关系策划案在完成上述程序后，就要进行方案的审定，方案审定是从总体上判断方案的可行性与科学性，是策划案中不可缺少的一个步骤。审定方案一般由单位领导带领领域内专家进行，主要对方案进行咨询、答辩、论证等环节。可以从以下几个层次进行方案的论证：(1)总体上对方案进行论证，包括方案的主题、目标、资金配备、人员安排等进行分析论证；(2)对活动中可能发生的问题提早进行预测，并提出补救措施；(3)对活动进行综合效益论证，判读组织方案是否可行。

(九)策划书的形成

策划书是实现目标的文字书，是展现给公众的文本，是公共关系活动实施的依据，其凝聚着策划者的智力。组织策划书一般由八个部分组成：标题、主题、目标、组合分析、活动步骤、传播渠道、经费预算、效果预测。除此，还应有策划者署名、时间。视策划书篇幅长短，可附上相关文件和资料。

第二节
公共关系活动方案策划

学习目标

1. 掌握公共关系活动方案策划。
2. 明确公共关系活动方案策划创意。

3. 掌握公共关系活动策划方案的制订。

一、公共关系活动方案策划定位

(一)公众定位

公众是整个组织策划方案的核心，组织方案的拟订必须考虑公众的感受，将公众的核心利益体现在组织策划案的始终，不考虑公众地位的组织策划案将变得毫无意义。不同的公共关系组织策划案所针对的公众是有差别的，也就是说每项活动都有特定的公众，在公共关系活动策划案中界定公众，对公众定位对象具有重要意义。

1. 以活动目标进行公众定位

公共关系活动目标的不同，会吸引不同的公众进行关注。组织可以以此次活动可能吸引到的公众作为本次活动方案策划的定位公众，如内部公众、外部公众、城区公众、乡村公众等。

2. 以组织实力进行公众定位

一次公共关系实践活动不可能吸引和涉及所有类型的公众，因此，组织实力决定了组织只能选择性地进行某种公共关系活动。反之，也可以根据公众对组织活动的感受来推断活动的目标是否和公众的兴趣相符，以此形成方案策划的公众定位。

3. 以组织需要进行公众定位

组织需要是指组织为了实现某种特殊的目标所做出的主观性的选择。以组织需要进行公众定位，是组织根据策划案的目标选择出那些与活动密切相关的重点公众进行关注，形成此次方案的公众定位。

(二)方案形式定位

公共关系活动方案策划所采取的形式一定程度上受公共关系活动的特点、公众喜好以及同行业、同领域组织的常用活动形式的影响，根据公共关系活动业务的类型，公共关系活动方案策划有以下形式可供选择。

1. 传播型公共关系活动

传播型公共关系活动是指组织部门利用不同的传播形式和传播媒介迅速将信息传播出去，以此加强和目标公众之间的沟通和联系，达到在公众心目中建立组织良好的形象的目的。其特点在于信息传播快、传播面广、受众群体多元、推销组织形象效果快等，主要形式有公共关系新闻、公共关系广告等。

2. 交际型公共关系活动

交际型公共关系活动就是指不借助其他媒介，而只在人际交往中开展公关活动，直接接触，建立感情，达到建立良好关系的目的。它是一种有效的公关方式，它使沟通进入情感阶段，具有直接性、灵活性和较多的感情色彩，其形式主要有对外开放、联谊会、座谈会、慰问活动、茶话会、沙龙活动、工作午餐会、拜访、节日祝贺、信件来往等。

3. 服务型公共关系活动

服务型公共关系活动就是指组织向社会公众提供的各种附加服务和优质服务的公共关系活动，其目的在于以实际行动使目标公众得到实惠。通过提高公众满意度，塑造良好的组织形象，争取公众的支持，增强组织的市场竞争力，促进组织的稳步发展。其特点是依靠本身实际行动做好工作，其特别媒介是服务，而不是依靠宣传，它基本上仍是人与人之间的直接传播形式。传播符号多样，人情味十足，反馈灵敏，调整迅速。

4. 专题型公共关系活动

专题型公共关系活动是指组织为了塑造良好形象举办各种社会性、公益性和赞助性活动，目的在于吸引广大社会公众的参与来扩大组织影响，以此提高组织的美誉度和知名度，并能够赢得社会公众的支持和好感。其特点在于正面效应大、影响面广。开展专题型公共关系活动的常见方式有：一是以组织本身的重要活动为中心展开的公共关系活动；二是以参加各种社会活动为中心展开的公共关系活动；三是以社会福利事业为中心展开的公共关系活动。

5. 征询型公共关系活动

征询型公共关系活动是以采集社会信息为主、掌握社会发展趋势的公共关系活动模式，其目的是通过信息采集、舆论调查、民意测验等工作，加强双向沟通，使组织了解社会舆论、民意民情、消费趋势，为组织的经营管理决策提供背景信息服务，使组织行为尽可能地与国家的总体利益、市场发展趋势以及民情民意一致。同时，也向公众传播或暗示组织意图，使公众印象更加深刻。其实施的重心在操作上的科学性以及实施过程中的精细和诚意，具体的实施过程是：当组织进行一项工作后就要设法了解社会公众对这项工作的反应。经过征询，将了解到的公众意见进行分类整理，加以分析研究，然后提出改进工作的方案，直至满足公众的愿望为止。

（三）方案时机定位

公共关系活动策划案要及时抓住可能给组织形象“加分”的机会，采取果断的措施，策划公共关系活动方案。公共关系活动策划案的时机选择可以有很多，如重大社会事件或社会活动出现时、有与组织相关的政策措施出台时以及当组织形象遭受“攻击”时。时机选择应该遵循以下原则：第一，避开国内外重大事件期；第二，尽量选择节假日进行；第三，一个时间阶段内只开展一项重大组织策划活动；第四，选择一些能够引起新闻媒体关注的活动主题；等等。方案时机的选择很大程度上影响组织策划活动的效果，所以，方案时机定位很重要。

二、公共关系活动方案策划创意

公共关系方案为了取得好的效果，必须要有良好的创意、新颖的视角。带有创意的公共关系活动策划案的拟订有很多的方法。

(一)组织本位创意

组织本位创意是根据组织的某种特点策划公共关系方案。经常采用的特点有：组织的业务特点、价值观、组织文化、组织发展历程、组织产品等。

(二)公众主体创意

公众主体创意的核心是围绕公众个人信息所开展的，将公众作为创意本位进行策划，比如公众的职业内容、实际需求、爱好特长、生活环境等内容。在采用公众主体创意时须权衡好以下关系：处理好策划方案与组织形象的关系，处理好策划方案与公众信息接收偏好的关系，处理好组织形象与公众信息接收偏好的关系。

(三)观念倡导创意

通过一些社会所倡导的固有观念来策划公共关系活动，以达到宣传组织形象、实现公共关系目标的目的。观念倡导创意通常有全新观念倡导法和恢复性观念倡导法两种。全新观念倡导法是组织根据实际情况需要，以策划案形式对公众固有观念进行指引，使公众梳理对组织有利的观念；恢复性观念倡导法是跟随社会主流观念，对活动策划案进行强化，同时达到塑造组织形象和实现公共关系目标的目的。

(四)时机捕捉创意

社会大众在某一个特殊时期会有特定的心理活动，时机捕捉创意则要求组织者根据此时大众的特殊心理活动策划与之相对应的活动。该创意案首先要求重视策划案的及时性、策划内容的适宜性，实时捕捉社会大众心理活动。

三、公共关系活动策划案的写作

(一)公共关系活动策划主题

1. 公共关系活动策划主题的含义

公共关系活动策划主题指专题活动的主要内容及指导思想，是整个实践活动内容的高度概括。组织活动的进行必须始终贯穿策划主题，其对公共关系活动起指导作用，并在一定程度上影响策划活动的形式选择和内容安排。因此，活动主题的设计是否恰当、合适在一定程度上影响着策划活动的顺利进行。

2. 公共关系活动策划主题的提炼

公共关系活动主题的设计是一件比较困难的事，其设计起来并不容易。一个好的活动主题一般包括四个方面的内容，即公共关系目标、公众心理活动、公众审美情趣及信息个性。首先，主题必须和公共关系目标相一致；其次，主题要具有独特性，能和其他活动相区别；再次，要和公众心理需求相适应，能够贴近公众的实际要求；最后，主题要注意审美情趣，语词表述清晰、简明扼要、便于记忆。

主题拟定的方法有很多，常用的方法有：根据时代特色提炼主题；根据人生哲理提炼主题；根据企业文化背景提炼主题；根据将执行的公共关系活动提炼主题。但无论采用何种形式来表现公共关系活动策划主题，都要求含义明确、观点鲜明、便于记忆、切合实际、诚实可靠。

3. 公共关系活动策划主题的特征

公共关系活动策划主题具有唯一性，一项公共关系活动必须围绕一个主题开展，多个主题也必须得围绕一个主题进行；主题具有新颖性，主题作为一项活动进行的主旨，体现着一个活动的活动目标，活动主题是否新颖、创新直接决定着组织活动在公众心目中的地位；主题具有稳定性，主题一经确认，必须得保持稳定，切忌朝令夕改。

(二)公共关系活动策划目的

公共关系活动策划目的指组织主体根据自身的需要，借助策划活动的执行需要解决的问题或是达成所追求的目的。策划目的贯穿于组织实践活动的始终，是指导组织活动顺利进行的风向标。如果要对策划目的进行说明，可以根据相关的公共关系调查结论来实现。用以说明公共关系调查结论的包括：公众需求、公众态度、竞争敌手公共关系状态等。

(三)公共关系活动策划方案

在确定了公共关系活动策划主题和目标之后，就要针对主题和目标的相关内容进行方案的拟订来开展公共关系活动。策划案是实现公共关系目标思路的具体表现形式，并以策划案的形式体现出公共关系活动的具体安排。策划案是整个公共关系活动的主体部分。由于策划项目需要通过策划方案表现出来，方案策划部分主要是对即将举行的公共关系方案的完整表述。一项完整的策划案一般包括以下几项内容：(1)项目的名称、目标和宗旨；(2)项目实施日期、地点和公众定位；(3)项目的负责人，归口实施部门或实施者及各自职责；(4)项目实施的程序设计及具体的时刻表；(5)项目所需的传播媒介、器材设备、外部环境条件等；(6)项目方案的预期成果；(7)项目在年度公共关系计划或公共关系战略的位置及关系。

(四)宣传策略与媒介选择

公共关系活动策划案的核心是宣传沟通工作，在策划案完成之后，关于此次活动的宣传工作就要提上日程，在这期间主要完成两项工作：制定宣传策略和选择信息传播媒介。宣传策略有：媒体宣传策略，即采用的是大众传播媒介还是人际沟通方式；宣传时机策略，即在何时进行宣传；宣传密度策略，即宣传频率在单位期间的分布。媒介选择是组织可以选取大众传媒，如电视、报纸，也可以采取人际沟通宣传，如对话、座谈会等形式。

(五)经费预算

公共关系活动策划案拟订中有关活动经费预算是不可缺少的重要一环，经费预算是对活动每一个环节进行经济分析。编制经费预算是计划分配活动资金的一个过程，通过预算可以在一定程度上确定公共关系活动的规模层次，在资金分配范围内实现公共关系目标。同时，科学的经费预算可以衡量公共关系活动的开展情况，确保公共关系活动各项工作的顺利进行，提升公共关系活动效率。

公共关系预算构成一般包括以下几个部分。第一，人工报酬，如工作人员的薪资等。第二，日常开支费用，如电话费、房租、交通费、办公文具费、水电费、保险费等。第三，设备费用，如摄影设备、视听器材、展览设施等。第四，突发事件的开支。突发性事件的开支应该在总的经费预算中有所预留，比如设置临时应变基金，以从资金上保证公共关系的应变能力。经费预算在写作时要写出预算的明细和种类，并且要交代具体的金额。

(六)意外事项和备选方案

在组织策划活动开展过程中，总会由于各种原因出现一些意想不到的事情，这些事情超出了原本的计划范围，所以在策划案形成过程中要对可能发生的意外事项做好预想，提前预料和准备，如恶劣天气、人员变动等。备选方案是对原有方案无法执行时的替代方案。

第三节
公共关系专题活动

学习目标

1. 掌握开放参观活动的相关内容。
2. 了解新闻发布会的筹办等内容。
3. 了解展览会的筹办。

公共关系专题活动是指社会组织为了某一明确目的，围绕某一特定主题而精心策划的公共关系活动，是社会组织与广大公众进行沟通，塑造自身良好形象的有效途径。因此，国内外许多组织经常采用公共关系专题活动的形式来扩大影响，提高声誉。

公共关系专题活动对于改善组织的公共关系状态有着极为重要的意义。它往往能够使组织集中地、有重点地树立和完善自身的形象，扩大自己的社会影响。成功的专题活动，往往使组织形象出现意想不到的飞跃，是塑造组织形象的有力驱动器。

专题活动在开展过程中要保持和策划案内容协调一致，举办专题活动形式要多样，举办的时间、规模，可以根据策划案所设定的主题、目标、形式及内容等来安排，并实现各模块之间的有机联系，从而实现组织既定公共关系目标，在实现宣传组织目的的同时，为受众带来相应的效用。

一、开放参观活动

(一)开放参观活动的概念及作用

1. 开放参观活动的概念

对外开放参观是指组织或企业为了让公众更好地了解自己或为消除对本组织的某些误解，通常由公关部门负责组织和邀请有关公众前来本组织参观。对外开放参观这种公关活动有时会起到意想不到的效果。广东大亚湾核电站风波，就是以组织公开参观活动来平息的。1986 年，正当我国政府决定在广东大亚湾建造核电站时，苏联切尔诺贝利核电站突然发生核泄漏，造成严重的人员伤亡和环境污染。面对核泄漏惨状，我国香港各界、各阶层人士纷纷陈词议论，反对在与香港毗邻的大亚湾建造核电站。一时风雨满城，舆论哗然。为了证实大亚湾核电站的安全可靠，政府在加强舆论宣传的同时，请香港市民代表参观了大亚湾核电站站址，并在现场向他们介绍了各种安全的防御措施和多方面的核能知识。这些代表回香港后，社会和新闻界的许多反对意见就渐渐销声匿迹了，开放参观的宣传效果之大，由此可见一斑。

2. 开放参观活动的作用

(1)使社会更加了解组织状况。

组织只有将自己积极主动展示给社会公众，公众才能更加了解组织状态，对组织活动更加感兴趣，开放参观活动既宣传了组织，又拉近了组织和社会大众之间的关系。

(2)强化社会组织和公众的沟通联系。

目前社会层面都在积极倡导个性化服务，即在提供服务的过程中更多考虑公众的心理感受，将公众的感受融入服务的整个环节，开放参观活动即可缩短组织和公众之间的关系，以达到这一目的。

(3)提升组织总体素质。

为了做好开放参观活动，组织在这一过程中需要投入一些人力、物力来塑造自己的良好形象，在这一过程中也会促使管理者去完善自己不足的地方，无形中提升了组织整体素质。

(4)消除公众对组织的误解。

由于各种因素影响，社会公众总会对组织产生一些误解或疑惑，而开放参观活动正好能够解决这一问题，给组织一个“解释”的机会。

(二)开放参观活动的组织

1. 开放参观前的准备工作

第一，确定参加开放参观人员名单；第二，培训工作人员，主要培训游客接待人员、活动参观讲解员等；第三，积极宣传，向社会大众宣传活动的主要目的、主题及活动主要内容；第四，宣传资料印制，宣传资料可以是企业历史简介，企业文化、企业产品介绍等；第五，场地准备，如停车场、会议厅、休息室等。

2. 活动参观过程中的工作

第一，引导参观者有序入场，进入预定的场地集合，并播放有关组织的 PPT、影视资料等；第二，组织领导讲话，致欢迎词，并对组织情况(组织发展历史、组织文化、组织主打产品等)加以介绍；第三，引导社会公众按照预定参观路线进行参观，并对组织重点区域(生产车间、地标建筑物、发展史馆等)进行介绍说明；第四，做好保卫工作，防止参观过程中意外的发生。

二、新闻发布会

(一)新闻发布会概述及筹办

1. 新闻发布会的概念

组织新闻发布会是社会组织在发生具有重大影响事情时，向新闻界公布信息，借助新闻提升该组织或者与该组织密切相关的会议。新闻发布会通常有正规形式，符合一定的规格，根据发布会所发布的内容精心选择召开的时间和地点；邀请记者、新闻界负责人、行业部门主管、各协作单位代表及政府官员参加，实现时间集中、人员集中、媒体集中，通过报刊、电视、广播、网站等大众传播手段集中发布，迅速将信息扩散给公众。

新闻发布会在召开之前，必须得对其召开的可行性和必要性进行充分论证和严密部署，我国对新闻发布会是有严格申报、审批程序的，对企业而言，新闻发布会一般只针对企业意义重大，媒体感兴趣的事件举办，如组织成立纪念日、新品发布、社会重大庆祝日等时机。同时，新闻发布会关于时间的选择是至关重要的，因为多数平面媒体刊出新闻的时间是在获得信息的第二天，因此要把发布会的时间尽可能安排在周一、周二、周三的下午为宜，会议时间保证在 1 小时左右，这样可以相对保证发布会的现场效果和会后见报效果。

2. 新闻发布会的筹办

新闻发布会的筹办主要有以下几个方面。

(1)会议主题的确定。

会议主题是新闻发布会的主要内容和指导思想，也是整个新闻发布会的高度概括，因此主题在选择上要具有新颖性和创新性，既能够吸引公众的目光，又能够引起新闻媒体的注意。

(2)主持人和发言人的选择。

新闻发布会也是公司要员同媒介打交道的一次很好的机会，值得珍惜。代表公司形象的主持人和新闻发言人对公众认知会产生重大影响。如其表现不佳，对公司形象也会产生不好的影响。公司的主持人要有清晰的语言表达能力、倾听的能力及反应力，同时主持人还应该有现场掌控能力，可以充分控制和调动发布会现场的气氛。而新闻发言人应该在公司身居要职，有权代表公司讲话。

(3)准备发言稿。

发言稿是参加会议者为了在会议或重要活动上表达自己意见、看法或汇报思想工作情况而事先准备好的文稿。发言稿可以按照用途、性质等来划分，是一个重要准备工作，写法比较灵活，结构形式要求也不像演讲稿那么严格，可以根据会议的内容、一件事事后的感想、需要等情况而有所区别。常见的形式有：①开门见山提出本人要谈的问题及对问题的看法，然后说明理由，最后照应开头对全文做简明总结；②直接写出要讲的问题或意见，可用序号1、2、3等表示，问题讲完，即告结束，不写开头和结尾；③汇报经验、情况的发言，内容比较系统，它包括情况叙述、经验介绍、体会收获等，这几方面的内容要连贯地写出来，构成一篇比较完整的文章。

写发言稿要注意三点。

①观点要鲜明。对问题持什么看法，要明确表态。对尚未认识清楚的问题，要实事求是的说明；如果是汇报性的发言，要中心明确，重点突出，不必面面俱到。②条理清楚。一篇发言稿要谈几方面的问题，每一方面问题要讲哪些条目，都要安排得有条有理，让人听起来容易抓住重点。③语言简洁明快。发言要直接面向听众，所以发言的语言一定要简洁明快，尽量不使用复杂的句子，更不要使用一些深奥的词句，最好运用大众语言。

(4)新闻通稿的撰写。

新闻通稿起源于美国，原本是一些新闻通讯社的专利。新闻通讯社在采访到重要新闻后，会以一种统一的稿件方式发给全国的媒体，媒体再转发该新闻。发展到现在，很多企业在对外发布新闻时，为了统一宣传口径，也会组织新闻通稿。新闻通稿具有覆盖范围广、传播速度快、真实性强的特性。

撰写新闻通稿需要掌握的内容有如下五个方面：①新闻通稿的组成要素。一篇完整的新闻通稿应包括新闻报道的六要素——时间、地点、人物、事件、原因、过程。②新闻通稿的结构。新闻通稿的结构有倒金字塔式、并列式、顺势式等，其中最常用的是倒金字塔式结构，即将表述活动重点的部分放在文前。③新闻通稿的写作技巧。一是简明通俗，二是准确无误，三是逻辑严谨。④选择恰当的时间和地点。⑤制订费用预算。

(二)新闻发布会程序及注意事项

(1)确定新闻发布会日期、地点、新闻点等。注意事项：与希望发布事件日期相配合，促进自身对外宣传，挖掘新闻点、制造新闻效应、注意避免与重大新闻事件撞车。该步骤应在正式新闻发布会前20天完成，最迟15天，并在邀请函发布前预定会场，否则会影响下一步工作。

(2)确定组织者与参与人员。包括广告公司、领导、客户、媒体记者等，与新闻发布会承办者协调规模与价格，签订合同，拟订详细邀请名单、会议议程、时间表、发布会现场布置方案等。注意事项：该步骤主要由主办者提出要求，承办者具体负责。

(3)按照邀请名单，分工合作发送邀请函和请柬，确保重要人员不因自身安排不周而缺席发布会。回收确认信息，制订参会详细名单，以便下一步安排。注意事项：该步骤一定要计划周密，有专人负责，适当放大邀请名单，对重要人物实施公关和追踪，并预备备用方案，确保新闻发布会参与人的数量和质量。

(4)购买礼品，选聘主持人、礼仪人员和接待人员，并进行培训和预演。设计背板，布置会场，充分考虑每一个细节，比如音响和放映设备、领导的发言稿、新闻通稿、现场的音乐选择、会议间隙时间的余兴安排等。

(5)正式发布会前提前1～2小时，检查一切准备工作是否就绪，将会议议程精确到分钟，并制订意外情况补救措施。

(6)按计划开始发布会。发布会程序通常为来宾签到、贵宾接待、主持人宣布发布会开始和会议议程、按会议议程进行、会后聚餐交流、有特别公关需求的人员的个别活动。

(7)监控媒体发布情况，整理发布会音像资料、收集会议剪报，制作发布会成果资料集，如来宾名单、联系方式整理，发布会各媒体报道资料集，发布会总结报告等，作为企业市场部资料保存，并可在此基础上制作相应的宣传资料。

三、展览会

(一)展览会的概念与特点

1. 展览会的概念

展览会是一种综合运用各种媒介、手段，推广产品、宣传企业形象和建立良好公共关系的大型活动。其特点是：它是一种复合性、直观、形象和生动的传播方式，提供了与公众进行直接双向沟通的机会，是一种高度集中和高效率的沟通方式，是一种综合性的大型公共关系专题活动，是新闻报道的好题材，带有娱乐的性质，可吸引大量公众。一般来说，各社会组织都非常重视利用这一形式来塑造和展现他们的最佳形象。展览会在有些场合又称为博览会、展览、展销会。

中国会展业在各城市发展迅速，尤其以北京、上海、广州、大连、成都五大会展城市最为活跃，形成了“环渤海、长三角、珠三角、东北、中西部”五个会展经济产业带。环渤海会展经济带——以北京为中心，以天津、廊坊等城市为重点，其会展业发展早、规模大、数量多，专业化、国际化程度高，门类齐全，知名品牌展会集中，辐射广。长三角会展经济带——以上海为中心，以南京、杭州、宁波、苏州等城市为依托的会展产业带已经形成。该产业带起点高、政府支持力度大、规划布局合理、贸易色彩浓厚，受区位优势、产业结构影响大，发展潜力巨大。珠三角会展经济带——以广州为中心，以广交会为助推器，以深圳、珠海、厦门、东莞等会展城市群，形成了国际化和现代化程度高、会展产业结构特色突出、会展地域及产业分布密集的会展经济带。东北会展经济带——以大连为中心，以沈阳、长春等城市为重点的会展经济带，依托东北工业基地的产业优势及东北亚的区位优势，形成了长春的汽博会、沈阳的制博会、大连的服装展等品牌展会。中西部会展经济带——以成都为中心，以重庆、西安等城市为重点的会展经济带，通过不断发展，现已形成了成都的西部国际博览会、重庆的高交会、西安的东西部洽谈会等品牌展会。

2. 我国展览会的主要状况

(1)建设规模不断扩大。全国现有大中型会展场馆 150 多个，会展面积 300 万平方米以上，已经超过了号称“世界会展之国”德国的展馆面积，拥有一批具有国际水平的现代化会展场馆。而且，会展场馆建设方兴未艾，全国正在建设或规划将在未来几年内建成的各类会展中心的会展面积可能超过 100 万平方米。

(2)会展活动空前活跃。举办和参加会展的数量不断增多，仅 2004 年我国会展项目数量超过 3000 个，出国办展近 800 个；参展企业 500 多万家，参会专业观众近 2000 万人次；节庆活动 5000 多个，参与观众达数亿人次。会展收入增幅明显，目前举办各类展会直接收入超过 100 亿元，间接带动的旅游、餐饮、交通、广告、娱乐、房产等行业收入高达数千亿元。

(3)会展形式丰富多彩。经过多年发展，一些由政府主导的综合会展向专业会展转变，有的随着市场化、专业化、国际化水平的提高而成为著名会展，已培育出一批具有特色的、高水平的、较大影响力的会展知名品牌，诸如广交会、高交会、上交会等综合展。专业化会展比重增加，几乎涉及经济的各个部门和主要行业，如北京的机床展、纺机展、冶金铸造展和印刷展等已跻身国际同行展的前四名，珠海国际航空展成为亚洲第二大航展，而号称“中国第一展”并享誉全球贸易展的“广交会”是我国历史最长、规模最大、层次最高、影响最广、商品种类最全、到会客商最多、成交效果最好的综合性国际贸易会展。

(4)组展主体呈多元化。主要有五大主体：一为政府机构，包括政府部门、事业单位，承担政府主导的各种重大经贸洽谈展会和综合性展会，政府主导型的展会仍是一大亮点，由国家部委和省市政府共同举办的大型展会活动，其中不少展会有高层领导人出席、讲话、剪彩、题词；二为行业协会，各种有影响的专业性会展大部分由行业协会主导或主办；三为国有企业，少数国有企业组织经营性会展等业务；四为民营企业，个别民营企业介入会展业，或主营或兼营，经营范围中有会展业务的民营企业仅京、沪这两地就超过千家；五为外资企业，境外的会展公司与国内有关单位结成合作伙伴，开展海外和国内招展。

(5)会展群聚效应突出。主要分布在北京、上海、广州、大连、深圳、厦门等经济发达城市。全国举办会展最多的省市首推北京，上海紧跟其后，广州最为活跃。从会展收入看，广州、北京和上海占据了垄断地位，占全国会展收入的近90%。同时，逐步形成新兴的会展业市场和一些具有一定实力的会展集团公司。

(二)展览会的主要作用

1. 能产生强大的互动共赢效应

会展业不仅能带来场租费、搭建费等直接收入，而且还能拉动或间接带动数十个行业的发展，直接创造商业购物、餐饮、住宿、娱乐、交通、通信、广告、旅游、印刷、房地产等相关收入；不仅能集聚人气，而且能促进各大产业的发展，对一个城市或地区经济发展和社会进步产生重大影响和催化作用。

2. 能获得优质资源

会展业汇聚巨大的信息流、技术流、商品流和人才流，意味着各行业在开放潮中，在产品、技术、生产、营销等诸方面获取比较优势，优化配置资源，增强综合竞争力。会展业发展可以不断创造出"神话"，博鳌效应就是其中的一个典型范例，经济落后的博鳌建成国际会议中心后，以其良好的生态、人文、治安环境，吸引了众多海内外会议组织者、参会者、旅游者等。

3. 能提升支持力度

各产业的发展，特别是制造业要生存和提升竞争力，需要相关服务行业的协作，加快新型工业化、新农村建设，更离不开会展业的支持和助力。其中会展是一项极其重要的服务内容，作为特殊的服务行业，会展经济能增强城市面向周边地区的辐射力和影响力。所以，会展经济有巨大的效能。

4. 能增加就业机会

随着近年来办展活动的增多，会展业不仅能提供就业机会，而且还能拉动和促进就业。

5. 能成为经济发展的"风向标"

会展紧扣经济，展示经济发展成果，会展经济的发展将直接刺激贸易、旅游、宾馆、交通、运输、金融、房地产、零售等行业的市场景气，大型和专业性会展往往是产品或技术市场占有率及盈利前景的晴雨表，推动商品贸易、投资合作、服务贸易、高层论坛、文化交流等各方面的发展与进步。

(三)举办展览会程序(图 9.1)

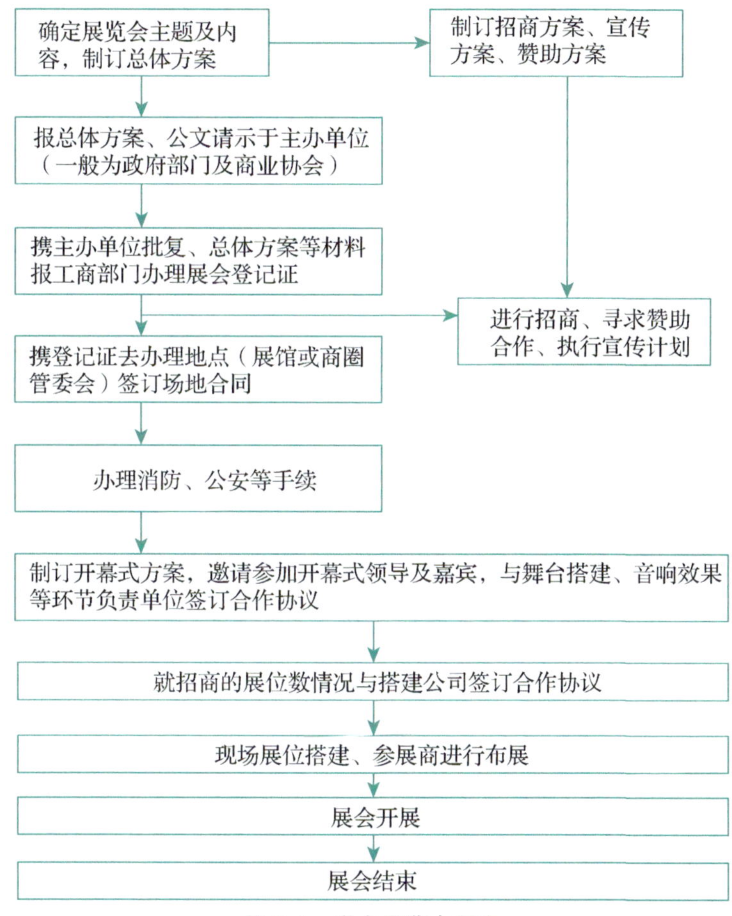

图 9.1　举办展览会程序

四、赞助活动

(一)赞助的概念与类型

1. 赞助的概念

赞助的意思是支持并协助。出自南朝梁慧皎《高僧传・义解二・道安》："安以白马寺狭，乃更立寺，名曰檀溪，即清河张殷宅也。大富长者，并加赞助，建塔五层，起房四百。"

狭义上，赞助是社会组织以捐赠方式，向某一社会事业或社会活动提供资金或物质的一种公共关系专题活动。赞助活动是一种对社会的贡献行为，是一种信誉投资和感情投资，是企业改善社会环境和社会关系最有效的方式之一。

随着市场经济的发展，赞助已经成为一种常用的商业手段，例如影视剧中的赞助、大型体育赛事的赞助等这些都不是公益，更不是捐赠，而是为了获得超额的赞助回报。

2. 赞助的类型

(1)赞助体育活动。

体育比赛活动是新闻媒介热衷报道的对象，而且拥有众多的观众，对公众的吸引力大，因此，社会组织常常赞助体育活动，以增加对公众施加影响的广度和深度。赞助体育运动常见的形式有：赞助体育训练经费或物品、赞助体育竞赛活动、设立体育竞赛奖励项目等。

(2)赞助社会慈善和福利事业。

为各种需要社会救助的人，如孤寡老人、残疾病人、福利院儿童等提供物质、经费帮助，开展服务活动，以及济贫、捐助灾民，既是社会组织向社会表明履行社会义务的重要手段之一，又是社会组织改善与社区公众关系、政府公众关系的重要途径之一。

(3)赞助教育事业。

教育是立国之本，发展教育事业是一个国家的基本战略方针。社会组织自觉地赞助教育事业，如捐资建立图书馆与实验室、设立某项奖学金制度、资助贫困学生、捐资希望工程等，既可以促进学校教育事业的发展，又可以为社会组织树立一种关心教育事业的良好形象。

(4)赞助文化生活。

文化生活是公众社会生活的主要内容之一。社会组织积极赞助文化生活，不仅可以增进社会组织与公众的深厚感情，而且可以提高社会组织的文化品位和知名度。赞助文化生活的方式主要有：赞助拍摄与社会组织有关的影视片、资助文艺演出队伍、赞助文化演出活动等。

(二)赞助策划

1. 做好赞助研究

组织要开展赞助活动，进行赞助研究是非常重要的一步。组织应从经营活动政策入手，分析组织公共关系目标，确定赞助目的，并据此考核需要赞助的项目是否对社会、公众有益，是否能对本组织产生有利影响。在此基础上，研究赞助项目的必要性、可行性、有效性，保证社会和组织都能获益。

2. 制订赞助计划

组织要在赞助研究的基础上制订赞助计划。赞助计划是赞助研究的具体化，内容应该具体、翔实，对赞助的目的、对象、形式、费用预算、具体实施方案等都应考虑周全，并控制范围，防止赞助规模超过组织的承受能力。

3. 评估与审核赞助项目

每一项具体的赞助项目，赞助工作机构都应进行分析研究。首先对赞助项目进行总体评估，检查是否符合赞助方向，对赞助效果进行质和量的评估。审核则是结合计划进行，组织每进行一次具体赞助活动，都应有组织的高层领导或赞助委员会对其提案和计划进行逐项地审核评定，确定其可行性、具体赞助方式、款额和时机。

4. 实施赞助方案

组织要派出专门的公共关系人员，去实施赞助方案。在实施过程中，公关人员要充分利用有效的公共关系技巧，尽可能扩大赞助活动的社会影响；同时，应采用广告和新闻传播等手段，辅助赞助活动，使赞助活动的效益达到最佳峰值，争取赞助的成功。

5. 测定赞助效果

赞助活动结束后，组织应该对照计划，测定实际效果。赞助活动的效果应有组织自身和专家共同评测，尽可能做到符合客观实际。检测过程包括检查、收集各个方面对此次赞助的看法、评论，看是否达到预定目的，还有哪些差距，对活动不理想的应该找出原因，并把这些写成总结报告，归档储存，为以后的赞助活动提供参考。

五、庆典活动

(一)庆典活动概念及作用

1. 庆典活动概念

庆典活动是组织利用自身或社会环境中的有关重大事件、纪念日、节日等所举办的各种仪式、庆祝会和纪念活动的总称，包括节庆活动、纪念活动、典礼仪式和其他活动。通过庆典活动，可以渲染气氛，强化组织的影响力；也可以广交朋友，广结良缘；成功的庆典活动还可能具有较高的新闻价值，从而进一步提高组织的知名度和美誉度。

2. 庆典活动作用

庆典活动的作用可引起三大效应。

(1)引力效应：指组织通过庆典活动吸引公众的注意力。

(2)实力效应：指通过举办大型庆典，显示组织强大的实力，以增加公众对组织的信任感。

(3)合力效应：开展大型庆典，能增强组织内部职工、股东的向心力和凝聚力，提高公众对组织的信任感。

(二)庆典活动类型

1. 节庆活动

节庆是利用盛大节日或共同的喜事而举行的表示快乐或纪念的庆祝活动。不同国家甚至同一国家不同地区，都有自己独特的节日。节日又有官方节日和民间传统节日之分。常见的官方节日有元旦、妇女节、国际消费者权益日、国际劳动节、国际儿童节、国庆节等，民间传统节日有春节、元宵节、清明节、端午节、中秋节等。还有些地方根据自身文化传统、风俗习惯、土特产等，组织举办一些具有地方特色的节庆活动，如北京地坛庙会、湖南的龙舟节、山东潍坊风筝节等。

节庆日是公关部门特别是酒店、宾馆等接待服务单位开展公共关系活动的绝好时机。所以，每年6月1日前后，大小商店都会在儿童商品上绞尽脑汁；中秋节前，则会爆发一轮又一轮的月饼大战；“五一”和“十一”假期前夕，旅游胜地和饭店就会大张旗鼓地宣传、推介其优质的特色服务。

2. 纪念活动

纪念活动是利用社会上或本行业、本组织的具有纪念意义的日期而开展公关活动。可供组织举办纪念活动的日期和时间有很多，如历史上重要事件发生纪念日、本行业重大事件纪念日、社会名流和著名人士的诞辰或逝世纪念日；而本组织的周年纪念日及重大成就的纪念日，更是举办纪念活动的极好时机。通过举办纪念活动，可以传播组织的经营理念、经营哲学和价值观念，使社会公众了解、熟悉进而支持本组织。

3. 典礼仪式

典礼仪式包括各种典礼和仪式活动，如开幕典礼、开业典礼、项目竣工典礼、毕业典礼、颁奖典礼、就职仪式、授勋仪式、签字仪式、捐赠仪式等。在实际工作中，典礼仪式形式多样，并无统一模式。有的仪式非常简单，如某个企业办公楼的开工典礼，放一挂鞭炮，企业负责人喊一声“开工”，仪式便宣告结束；有的仪式非常隆重、庄严，如国外皇室婚礼及葬礼等，甚至还有一套严格的程序。

(三)组织程序

1. 庆典策划

确定来宾及发放请柬，如政府官员、地方实力人物、知名人士、新闻记者、社区公众代表、客户代表或特殊人物等，注意来宾要具有一定的代表性。发放请柬要求：一般是请柬提前7～10天发放。重要来宾请柬发放后，组织者还应在当天电话致意，庆典头晚再电话联系确认。

2. 设计庆典活动程序

一般程序：主持人宣布开典；介绍来宾；由组织的重要领导或来宾代表讲话；安排参观活动；安排座谈或宴会；邀请重要来宾留言。

3. 落实致辞人和剪彩

致辞人和剪彩人分己方和客方，己方为组织最高负责人，客方为德高望重、社会地位较高的知名人士，选择致辞人和剪彩人应征得本人同意。

4. 编写宣传材料和新闻通信材料

列出庆典主题、背景、活动内容等相关材料，将材料装在特制的包装袋内发给来宾。对记者，还应在其材料中添加较详细的资料，以方便记者写新闻稿。

5. 庆典活动的接待工作

设置接待室，对所有来宾都应热情接待，耐心服务，对重要来宾，要由组织领导亲自接待，他们的签到、留言、食宿均应由专人负责。

练习题

一、简答题

1. 简述公共关系活动策划的含义。

2. 简述公共关系活动策划的原则。

3. 简述公共关系活动策划案的特点。

4. 公共关系活动策划案的写作要求和写作技巧有哪些？

5. 公共关系活动方案策划创意需要注意哪些方面？

6. 举办展览会的程序有哪些？

7. 新闻发布会程序及注意事项有什么？

8. 开放参观活动的作用有哪些？请结合实际进行论述。

9. 公共关系活动策划的过程包括哪些？举例说明每一个程序对公共关系活动策划的重要性。

二、实训题

1. 请提炼出案例中公共关系活动策划的作用？

中国银行“海峡两岸台北—北京长跑”公关活动

中国银行发起和独家赞助的“海峡两岸台北—北京长跑活动”很具想象力。活动是从台北出发，途经台中、高雄、上海、哈尔滨、长春、四平、沈阳、鞍山、锦州、秦皇岛、唐山、天津，最后到达终点北京。在这次跨越海峡两岸的长跑活动中，中国银行及其沿途所属分行利用各种传播媒介，把自身的形象印刷在宣传册、文化衫、纪念封、手提袋上，体现在匠心策划的长跑仪式上和热烈火爆的现场布置上，大大小小的记者招待会，此起彼伏的啦啦队、陪跑队，一路行进如同一幅移动的风景，令人注目，使中国银行的声誉远播海内外。由于出色的创新策划，这次长跑活动不仅促进了海峡两岸民众的沟通与交流，而且在台湾和大陆沿线各地引起不小的轰动，中国银行声名鹊起。这正是策划人员富有想象力的杰作。

2. 请自己拟订主题，书写一份活动策划案。

第十章

公关礼仪规则与实务

本章概述

本章首先介绍了公关礼仪的含义、原则、作用；其次介绍了个人礼仪中的仪容礼仪、服饰礼仪、举止礼仪；再次介绍了社交礼仪中的见面礼仪、交谈礼仪、通信礼仪的具体社交礼仪内容；最后介绍了活动礼仪中的接待礼仪、会议礼仪、庆典礼仪等活动礼仪要求。

结构图

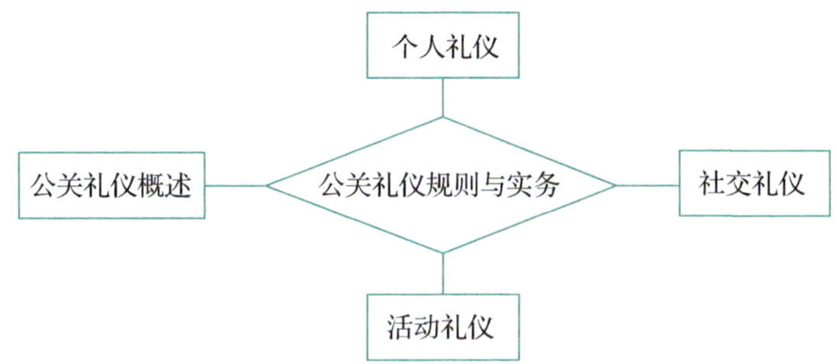

本章要点

1. 公关礼仪的含义、原则、作用。
2. 公关人员的服饰礼仪。
3. 公关人员的举止礼仪。
4. 公关人员的交谈礼仪。

本章难点

1. “TPO”原则的掌握与应用。
2. 人际交往距离的掌握与应用。
3. 公关人员活动礼仪要求。

第一节
公关礼仪概述

学习目标

1. 了解公关礼仪的基本含义。
2. 理解公关礼仪的原则。
3. 掌握公关礼仪的作用。

一、公关礼仪的含义

公关礼仪是社会组织为了树立组织的良好形象，维护组织与公众和谐关系而遵循的礼仪规范。公关礼仪是公共关系从业人员精神风貌与个人素质的集中体现。具体理解公共关系礼仪的内涵，需要把握以下几点。

（一）公关礼仪的主体是社会组织，客体是社会公众

社会组织是公关礼仪的一般主体，而社会组织的公关人员会代表组织处理内外公众的关系，是从事公关活动的现实主体。他们的言谈举止、风度仪表均需遵循礼仪的要求。社会公众作为主体作用的对象，成为公关人员礼仪的作用对象。当然，公众也会以自己的礼仪反作用于公关人员的礼仪，参与公关礼仪的往来授受，从这一层面而言，他们的礼仪也具有公关礼仪的意蕴。

（二）公关礼仪的目的是塑造组织的良好形象

组织形象是公众对社会组织的总体评价，是组织的表现与特征在公众心目中的反映。组织形象的建立与维护，离不开公关礼仪的有效运用与精心培育。也就是说，公关礼仪不仅是促成组织形象定位与升华的有效手段，而且其本身也是一种目的化的组织形象。

（三）公关礼仪的手段是传播沟通

传播沟通是指利用各种传播媒介，将信息有计划地与公众进行交流的沟通活动。传播沟通有人际传播、群体传播、组织传播和大众传播等多种形式，它们都是公关礼仪必须借助的手段或载体。公关礼仪正是借助或依靠语言和非语言媒介、人际和大众传播等多种方式来沟通组织与公众的关系，塑造和提高组织的良好形象。

二、公关礼仪的原则

（一）平等原则

平等，是广大人民共同的向往与追求，也是我国社会主义核心价值观的重要内容之一。在现代社会，平等一般包含有政治、经济、法律等多方面的内容，就公关礼仪所涉及的平等内容而言，通常表现为道德和人格上的平等。道德上的平等要求对一切人一视同仁，尊重他人的价值和尊严，而不管他在现实社会中所处的地位如何。人格

上的平等认为，每一个人生而有人格，人格是平等的，都应予以尊重。

平等地对待一切公众是公关礼仪的首要原则。现代公共关系利益是建立在平等基础之上的，否则，就很难与他人保持长久的和谐关系。因此，公关人员既不要因对方地位显赫而曲意谄媚，也不要因对方地位低下而冷漠忽视，始终做到不卑不亢，礼貌待人。

(二)尊重原则

尊重，是礼仪的情感基础。任何礼仪都要求尊重人，把人当人看待。德国哲学家康德把尊重人视为绝对命令和人的义务，认为人有义务去尊重他人，人也有义务去尊重自己。

现代公关礼仪必须遵循尊重公众、尊重组织和尊重自己相统一的原则。公众是公关人员的工作对象，是与组织发生了一定关系或者将要发生关系的群体或个人。公关人员只有尊重公众，才能比较好地与公众沟通，赢得公众的理解、支持与合作。组织是个人服务和献身于其中并以此作为自己生存和发展基础的社会共同体。一个人只有忠诚自己的组织，尊重自己的组织，才能真正爱岗敬业，才能真正为组织所接纳和认可。自我是人类中的一员，既是组织中的一分子，又是构成公众的一部分，尊重公众与尊重组织内在地包含有尊重自我的因素。所以，一个懂得尊重组织与公众的人必定会懂得尊重自己，一个尊重自己的人也必定尊重组织与公众。

(三)诚信原则

礼仪，特别是公关礼仪都需要遵循诚实守信的基本原则。诚信，即诚实守信。诚实，就是忠于事物的本来面貌，不隐瞒自己的真实思想，不掩饰自己的真实感情，不说谎，不作假，不欺瞒别人；守信，就是讲信用，讲信誉，信守承诺，忠实于自己承担的义务，答应了别人的事一定要去做。

从公关社交角度来说，诚信原则要求公关人员在交往伊始就要真心诚意，对交往对象以诚相待，不能弄虚作假，更不能轻视或嘲笑对方。因为，交往的实质是人与人之间的沟通或予取，只有诚而有信，才能得到交往对方的理解和信任，获得交往的成功。总之，诚实守信是成功交往的核心，是与人建立友谊和深厚情感的基础。

具体而言，公关人员在与他人交往时，对于他人所提出的合理要求应尽量给予满足，力不从心时应直言相告；与别人交换看法时，不要含糊其辞，要诚恳地说出自己的看法；当他人对自己有不礼貌的行为或产生误解时，应给予真诚谅解。

(四)宽容原则

宽容，就是心胸坦荡、豁达大度，能设身处地为他人着想，谅解他人的过失，不计较个人的得失，有很强的容纳意识和自控能力。我国历来重视并提倡宽容的道德原则，并把宽以待人视为一种为人处世的基本美德。

现代公关礼仪也要求遵循宽容原则。在社交活动中，公关人员需设身处地地对待和处理同公众的关系问题，不要紧紧抓住别人的缺点过失不放，对那些与自己意见相左或者反对过自己的人也能以礼相待，体谅对方。须知，公关交往中的障碍只有靠宽容精神才能跨越。所以，公关人员应始终遵循宽容的原则，以宽大之心善待各类公众。

（五）适度原则

适度就是把握分寸。礼仪是一种程序规定，而程序自身就是一种“度”。礼仪无论是表示尊敬还是热情都要有一个“度”的问题，没有“度”，礼仪就可能进入误区。适度原则同样适用于公关礼仪，在公关活动中，公关人员需注意把握分寸，使用礼仪一定要具体情况具体分析，因人、因事、因时、因地而行使相应的礼仪，真正做到恰如其分、适可而止。在与人相处时既要彬彬有礼，又不能低三下四；既要热情大方，又不能轻浮谄媚等。

（六）形象原则

形象是一个人或事物的外部特征。在现代社会中，形象深受组织和个人的重视。形象包括组织形象和个人形象两个方面。在公关活动中，公关人员的个人形象也代表着组织形象，所以千万不能大意。

个人形象主要包括仪容、仪表、仪态，也就是一个人的相貌、穿着打扮、言谈举止。不管是在公共场所，还是在私人聚会，只要与人进行交往，个人的穿着打扮、言谈举止等外在形象就会直接出现在他人的眼里，并留下深刻印象。一个人外在形象的好坏，直接关系到他社交活动的成败。在公关活动中，尽管得体的形象不一定是成功的保证，但不得体的形象注定要失败。因此，公关人员一定要注重形象，从而维护并展现自身形象和组织形象的美。

三、公关礼仪的作用

（一）有助于提升个人综合素质

公关礼仪是公关人员文化素质和文明修养的外在表现。在公共场合中，遵守和应用公关礼仪，是对公关人员的基本要求，也是公关工作取得成功的重要因素。一方面，公关礼仪作为一种社会行为的标准和规范而出现，客观上它要求公关人员将自己的行为纳入该规范，并用来约束自己；另一方面，在公关活动中，公关人员是否注重礼仪也是衡量其素质与修养的尺度之一。公关人员要想塑造良好的组织形象，首先必须要塑造良好的个人形象，赢得他人的尊重与好感，要做到这些就必须讲究礼仪、注重礼仪。

（二）有助于密切组织外部关系

现代社会中，任何一个社会组织都不可能是封闭系统。它必然要与外界发生千丝万缕的联系。在组织与外部公众交往的活动中，公关礼仪起到调节相互关系的润滑剂作用，通过温馨的、愉悦的、富有人情味的优雅礼仪，从而赢得公众对组织的好感与肯定。因此，公关礼仪的运用不仅可以巩固现有的公众关系，还可以扩展更多的新关系，帮助组织得到更多的认同和帮助，创造良好的生存与发展环境。组织与公众之间即便有误解，经过耐心解释，也能够打消误会，消除隔阂，化解矛盾，化“敌”为友。

（三）有助于塑造良好组织形象

随着中国特色社会主义市场经济的建立和发展，社会生活的各个方面都发生了深刻的变化，每一个社会组织要想在激烈的市场竞争中有所发展，就必须处理和调整好与公众之间的关系。不管是什么情况，只要让公众感到不快和抱怨，失去公众的理解、信赖和支持，就等于把组织置于危险境地。公关人员作为组织的形象代表之一，公众会依据其礼仪表现对该组织的形象进行“定格”。如果公关人员彬彬有礼，公众可能会联想到这个组织的员工整体素质也会不错，从而对组织留下良好印象。这种良好的情感倾向，对社会组织来说，带来的往往不是直接的利益，而是间接利益；不是眼前利益，而是长远利益。从这个意义上讲，公关礼仪实质上是社会组织的一种无形资产，它所创造的良好形象是社会组织的一种文化资本。

（四）有助于提升社会文明水平

公关活动是通过人与人之间的沟通联系体现出来的，正如任何一项社会活动都需要必要的规则一样，公关礼仪既是调节和增进人际关系的行为规范，也是社会生活讲文明守秩序不可缺少的内容。因为，衡量一个国家、一个民族的精神面貌和文明程度，往往是以社会公众所表现的文明素质和礼仪风度来做评判的。

改革开放四十多年来，随着我国民生的日益改善，大众生活水平日益提升，社会交往变得更加频繁，崇尚文明、讲究礼仪已逐渐成为更多百姓的自觉行为。但当前无论在公共生活中还是在国际交往中，不讲文明礼仪的现象仍屡见不鲜。提倡公关礼仪，不仅有利于人与人之间的文明交往和社会交际的和谐沟通，而且有助于驱邪树正，纠正和规范社会生活中的非礼之举和无礼现象。这对于树立良好的社会风尚，促进社会安定和谐的发展，都具有十分重要的意义。

第二节
个人礼仪

学习目标

1. 了解个人形象的重要性。
2. 理解着装原则和界域礼貌。
3. 掌握仪容、服饰搭配与举止的相关要求。

一、仪容礼仪

仪容，通常指人的外观、外貌。它是一种无声的语言，是形成“第一印象”的最主要因素，直接影响到人际交往的效果。这就要求公关人员需要在社交场合中讲究仪容，力求做到仪容得体、举止大方。

(一)头发修饰

头发修饰，是指人们依照自己的审美习惯、工作性质和自身特点，对自己的头发所进行的清洁、修剪、保养和美化。

1. 确保头发整洁

养成定期清洗头发的习惯。一般每周清洗两次，油性发质最好1～2天清洗一次，干性发质洗头时间间隔可稍长一些。年轻男性每天必须洗一次，在参加活动和上班前，最好也要洗一次。洗发用品的选择应根据自己的发质而定，头皮屑过多者，宜选用去头屑的洗发剂；头发干燥分叉者，应使用护发素。有条件者可定期选用营养剂滋润头发。对头发勤于梳洗，作用有三：一是有助于保养头发，二是有助于消除异味，三是有助于清除异物。

2. 定期修剪和梳理头发

与清洗头发一样，修剪头发也需定期进行。正常情况下，应当半个月左右修剪一次头发，至少也要确保每个月修剪一次头发。为了显示出公关人士的精明干练，同时也是为方便工作，公关人员头发以短为宜。

公关人员还应养成自觉梳理头发的习惯，发梳最好随身携带。出门上班前、换装上岗前、摘下帽子时、下班回家及其他必要时，都应适时梳理。

3. 美发自然

公关人员在修饰头发时，可以运用某些技术手段对头发进行美化，这就是美发。美发不仅要美观，而且要自然。不宜雕琢痕迹过重，或是不合时宜。美发方法主要有以下四种形式。

(1)烫发。烫发即运用物理手段或化学手段将头发做成适当的形状的方法。决定烫发之前，需注意个人发质、年龄、职业是否合适。

(2)染发。发色不理想或是头发变白，可使用染发剂令其变色。

(3)塑形头发。塑形头发即运用油、发乳、发胶等美发用品，将头发塑造成一定形状或对其进行护理。塑形头发时，需注意是否与个人形象相符。

(4)选择假发。头发有先天缺陷或后天缺陷者，均可选戴假发。选择假发，一是要使用方便，二是要天衣无缝，不可过分突兀。

(二)面容修饰

面容修饰是体现仪容礼仪最直接而又最重要的一个方面。面容修饰是指对人的眼眉、耳朵、鼻子、嘴部和脖颈部位进行修饰，从而实现维护自我形象的目的。

1. 眼眉

眼睛是人际交往中被他人注视最多的地方，自然是修饰面容时的首要之处。

(1)保洁。对眼部的分泌物应及时清除。

(2)修眉。若感到自己的眉形刻板或不美观，可进行必要的修饰。

(3)眼镜。若有必要，可佩戴眼镜。戴眼镜要美观、舒适、方便、安全，还要经常对其进行揩拭或清洗。在社交场合与工作场合，按惯例不应戴太阳镜，免得让人“不识庐山真面目”或是给人以“拒人以千里之外”之感。

2. 耳朵

重视耳朵的卫生问题。在洗澡、洗头、洗脸时，不要忘记清洁耳朵。必要之时，还须清除耳孔之中的不洁分泌物，但不要在他人面前进行。

3. 鼻子

鼻子的修饰主要有以下两点。

(1)保持清洁。平时应注意保持鼻腔清洁，不要让异物堵塞鼻孔，或是让鼻涕到处流淌，不要随处吸鼻子、擤鼻涕、挖鼻孔。

(2)修剪鼻毛。参加社交应酬之前，应检查一下鼻毛是否长出鼻孔之外。一旦出现这种情况，应及时进行修剪。

4. 嘴部

在修饰仪容时，嘴唇的修饰工作也非常重要，具体如下。

(1)保持口腔清洁且无异味。嘴是人的进食之处，同时也是人的发声之所，是与人沟通的主要部位，所以保持嘴的清洁至关重要。保持嘴的清洁，一方面要保持嘴唇上无异物、无油迹等；另一方面要保持牙齿的清洁，口腔无异味。每天定时刷牙，经常使用漱口水来清洁口腔，去除异味和异物。在有重要应酬之前，切忌食用韭菜、大葱、大蒜等会让口腔发出刺激性气味的食物，以免产生尴尬。发现自己口腔有异味，要及时去除，可以采用诸如用淡盐水漱口或嚼口香糖的方法，但是切忌在客人面前嚼口香糖。

(2)嘴唇的修饰。在社交场合中，保持嘴唇的红润与光洁，是嘴唇修饰的基本要求。尤其对于女性而言，涂口红是社交场合中基本的礼仪。涂口红不仅可以帮助女性掩盖嘴唇的缺陷，而且可以增加其在社交过程中的自信，使其更具魅力。有一点需要注意，即口红颜色的选取要根据肤色、唇形、服装而定，这样才能使女性看起来更有气质。

5. 脖颈

脖颈与头部相连，属于面容的自然延伸部分。修饰脖颈，一是要防止其皮肤过早老化，与面容产生较大反差；二是要使之经常保持清洁卫生，不要只顾脸面，不顾其他，切忌脖子上尤其是脖后、耳后藏污纳垢，与脸泾渭分明，反差过大。

(三)肢体修饰

人的四肢是在社交场合展示自我风采和魅力的载体，任何优美的体态都离不开四肢的和谐运用。这就要求人们需要合理地修饰自己的手臂和腿脚，以保持良好的整体形象。

1. 手臂

(1)清洁与保养。要勤于洗手，确保无泥垢、无污痕，保持清洁，特别场合要按规定戴好手套；要注意保养，避免出现粗糙、破裂、红肿、生疮及伤病创面等；身着短袖或无袖服装时，最好剃去腋毛；若手臂汗毛过于浓密，也应设法去除。

(2)妆饰。不留长指甲，甲长一般不过指尖；不涂艳妆，除为养护指甲而抹涂无色指甲油外，最不好要涂抹彩色指甲油或在指甲上绘画造型；手臂上也最好不要刺青。

2. 腿脚

(1)清洁。要勤洗脚，特别是赤脚穿鞋时要保持趾甲、趾缝以及脚跟等处清洁。要勤换袜子，最好每天换洗一双，不要穿着那些不易透气、易生异味的袜子。要勤于换鞋，并注意鞋面、鞋跟、鞋底等处的清洁。

(2)美化。少数女性腿毛十分浓密，又需穿裙子，最好设法去除，或选择色深不透明的袜子。勤剪趾甲，并注意剪除趾甲周围可能出现的死皮。忌化彩妆，除涂抹养护趾甲的无色油外，最好不要涂抹彩色趾甲油或在趾甲上绘画造型。

(四)美容化妆

美容化妆是指人们在日常生活、社交活动及工作中，采用化妆品通过一定的艺术描绘手法来装扮和美化自身形象。适度得体的化妆可体现出公关人员优雅、自信、大方的气质，以达到振奋精神和尊重他人的目的。

1. 化妆的原则

(1)扬长避短。化妆是适当掩盖或淡化瑕疵的部分，适当强调或渲染漂亮的部分，并使之成为众人瞩目的焦点。

(2)自然真实。化妆的最高境界是追求自然真实。化妆可浓可淡，但化妆的浓淡要视时间、场合而定。白天在工作场合适合化淡妆，采用不露痕迹的化妆手法，尽力表现天然和质朴，浓妆艳抹会与周围的工作氛围不相适宜，夜晚在宴会、舞会等社交场合，可使妆色浓一些，以避免皮肤在灯光照耀下显得暗淡无光、没有血色。

(3)整体配合。化妆以修整统一、和谐自然为准则。恰到好处的化妆，会给人以文明、整洁、雅致的印象。面部化妆既要注意面部各基点的配合，又要兼顾点与面的配合，以及面部与年龄、衣着、身份、气质的协调等。

2. 化妆禁忌

(1)不要当众化妆。一般情况下，当众化妆、补妆是失礼的，这样做既有碍他人，又是一种不尊重他人的表现。如果的确有必要进行化妆或补妆，应选择在自己房间、洗手间或无人处进行。

(2)不要议论他人的妆容。不要对他人的妆容评头论足。每个人都有自己的审美情趣和化妆手法，如当面点评，常常会令人尴尬难堪。由于民族、文化、修养和个人条件等方面的差异，每个人的化妆都与他人有所不同，尤其在国际交往过程中这种差异会更加明显，对别人的妆容不要指指点点，更没有必要与别人在公共场合讨论化妆的技术问题。

(3)不要借用他人的化妆品。化妆品很难分用与清洗，因而极易携带病菌。借用他人的化妆品，既不卫生也不礼貌。除非有事可能忘了带化妆盒，却偏偏需要化妆，在这种情况下，在他人自愿为你提供方便的前提下，才可以借用他人的化妆品。

二、服饰礼仪

服饰具有极强的表现功能，它既可以美化人体、展示个性，反映个人的精神风貌；还可以反映个人的身份、地位与涵养。因此，公关人员在社会活动中，需在力所能及的前提下，结合自身特点、所处场合等因素对服装进行精心选择、搭配和组合，给他人以良好的印象。

(一)服饰的穿戴原则

1. 着装整洁原则

古语说“衣贵洁，不贵华”，整洁是着装的第一原则、首要要素。只有整洁，才能恰到好处地表达自尊和对他人的尊重。在公关活动中，公关人员应保持服饰的整洁干净，衣服不能沾有污渍，更不能有破洞，扣子等配件应齐全，衣领和袖口处需特别注意整洁。

2. 和谐得体原则

所谓和谐得体是指人们的服饰必须与自己的年龄、形体、肤色、脸型相协调。只有充分地认识与考虑自身的具体条件，一切从实际出发来进行穿着打扮，才能真正达到扬长避短、美化形象的目的。不同年龄层次的人，只有穿着与其年龄相适应的服饰，才算得体。根据自己的身材选择服装，就能达到扬长避短、显美隐丑的效果。人的肌肤颜色是与生俱来而难以改变的。人们选择服饰时，还应使服饰的颜色与自己的肤色相般配，以产生良好的着装效果。

3.“TPO”原则

“TPO”原则是指在选择服饰时，要注意配合时间、场合、目的三个重要因素，其中 T 指时间(Time)，P 指场合(Place)，O 指目的(Object)。

(1)时间。时间的含义有三：一是着装要随一天时间的变化而变换，白天上班着正装，晚上参加宴会着晚礼服或者中国传统服饰等；二是着装要分四季，切不可只要风度，不要温度，只顾美丽“冻人”，而无视实际天气；三是着装要有时代性，着装应顺应时代发展主流和节奏，既不可超前，也不可落后。

(2)场合。着装要随地点、场合不同而不同。场合原则是人们约定俗成的惯例，具有深厚的社会基础和人文意义。一种服饰所蕴含的信息内容必须与特定场合的气氛相吻合。否则，往往会引起人们的疑惑、猜忌、厌恶和反感，导致交往空间距离与心理距离的拉大和疏远。如公务场合着装的基本要求是庄重保守，就需要穿正装、套装或套裙；而社交场合着装的基本要求是时尚个性，就可以选择穿时装、礼服或民族服装。

(3)目的。从目的上讲，人们的着装往往体现出其一定的意愿，即自己对着装留给他人的印象是有一定预期的。根据不同的目的进行着装。如穿着西式套裙去上班，是为了显示自己的成熟稳重；穿着旗袍去赴宴，是为了展示自己所独有的女性风采；穿上休闲装与朋友一道去登山踏青，则是为了轻松与随便。

(二)男士着装礼仪

1. 色彩

要体现庄重、俊逸，色度上不求华丽、鲜艳，色彩变化上不宜过多，一般不超过三色为好，以免显得轻浮。

2. 帽子与手套

在室外与人握手时应脱去手套以示礼貌，向人致意应取下帽子以显尊重，室内社交场合不要戴帽子和手套。

3. 鞋袜

在正式场合中，以穿黑色或深棕色皮鞋为宜，娱乐场所可穿白色或浅色皮鞋。穿袜子，袜长要高及小腿中上部，颜色以单一色调为好，而着礼服时的袜色要与西裤色相近，于正式场合白色运动袜忌穿。

4. 衣裤

一般场合可以穿着便装，正式场合则应着礼服或西装。正式场合的西服着装有“八忌”：一忌西裤过短或过长，一般以裤脚盖住皮鞋为宜；二忌衬衫不扎于裤内；三忌不扣衬衫扣子；四忌西服袖子长于衬衫袖子；五忌衣裤袋内鼓鼓囊囊；六忌领带太短，一般以领带盖住皮带扣为宜；七忌西服配便鞋，如休闲鞋、球鞋、旅游鞋、凉鞋等；八忌衣裤皱皱巴巴，污渍斑斑。

(三)女士着装礼仪

1. 色彩

女性服装色彩以素雅为好，如蓝、黑、灰等较冷的色彩，这些颜色会给人一种稳重、端庄、高雅之感，切忌选用大红大绿或太亮、刺眼的颜色。

2. 鞋子

在选择套装时，最好也应选择与套装相配的皮鞋。譬如，棕色套装最好选棕色或棕黑色皮鞋，这样上下呼应，有一种整体美感。又如，穿带花色的套裙，最好选择一双与裙子主色相应的皮鞋，这样，皮鞋与裙子的某一种颜色呼应，能产生高雅动人之感。相反，如果皮鞋颜色与上下装的颜色反差太大，看起来会使人感觉不舒服。

3. 袜子

在社交场合，女士如着裙装，必须穿合适的袜子，不穿袜子出现在社交场合是非常失礼的行为。女士穿长裙，可选择中长肉色袜子；穿超短裙或者一步裙，应配穿连裤袜；此外，还需注意不能穿着勾丝、有洞或补过的袜子外出；袜子的大小松紧要合适，不要走不了几步就往下掉，或显得一高一低，当众整理自己的袜子是不合时宜的。

4. 帽子与手套

只要是正式场合，女士均可戴帽，但帽檐不能过宽；与人握手时可不必脱去手套。

5. 服装

女性在正式场合应穿着典雅大方的套装或套裙，以民族性或古典性服装为宜。服装应避免过“露”，避免过“透”，避免过“短”。

(四)饰品佩戴礼仪

1. 首饰

首饰除了指用于修饰头部的发夹、发结、头箍带等头饰，也包括戒指、项链、耳饰、胸针等饰物。饰物的选择要以服装为依据，要与服装整体风格保持一致。饰物的佩戴应点到为止，恰到好处，切勿佩戴过多饰物，应以少而精为准则。

2. 领带

领带是上装领部的服饰件，系在衬衫领子上并在胸前打结，它通常与西服搭配使用。在社交活动中，穿西装应系领带，从制成材料来看，领带应尽量选择真丝或羊毛材质的，或者是工艺较好的棉、麻材质的；从颜色或图案来看，宜选用单色无图案的领带。系领带的关键在领带结，需注意三点：一是领带结要端正、挺括，外观上呈规则的倒三角形；二是收紧领结，为使它看起来美观、自然，要在领带结下压出一个窝或一条沟来；三是领带结的大小要注意和所穿的衬衫领子的大小成正比。

三、举止礼仪

举止是指人的动作和表情，是一门通过人的肢体、动作和表情来表达思想感情的语言，这种语言表达效果比起有声的口头语言，有时候会更丰富、更生动，更能表达出真实诚恳的心态。因此，公关人员要想塑造良好的社交形象，就必须讲究礼貌礼节，注意行为举止，做到彬彬有礼、落落大方，遵守一般的进退礼节，避免各种不礼貌、不文明举止。从而给公众留下深刻而美好的印象，提高与公众的沟通效果。

(一)站姿礼仪

1. 基本站姿

站姿的基本要领为：上身正直，头正目平，脸带微笑，微收下颌，挺胸收腹，腰直肩平，两臂自然下垂，两腿相靠站立，肌肉略有收缩感，双脚呈“V”形分开。

2. 男士站姿

男性站立时，身体要立直，挺胸抬头，下颌微收，双目平视，挺髋立腰，吸腹收臀，双手置于身体两侧自然下垂，或者两腿分开，两脚平行，不能超过肩宽，双手轻握于身前或身后，身体重心落于两腿正中。

3. 女士站姿

女性站立有两种站姿可以选择：两脚尖张开呈45°角或双脚呈小“丁”字步站立，一只脚略前，一只脚略后，前脚的脚后跟稍稍向后脚的脚背靠拢，后腿的膝盖向前腿靠拢，但要注意避免僵直硬化，肌肉不能太紧张，可以适当变换姿态，追求动感美。

4. 站姿注意事项

在正式场合中，为了维持较长时间的站立或稍事休息，标准站姿的脚姿可做变化，如身体重心偏移到其中一只脚上，另一只脚稍曲以休息，然后轮换。但是上身仍须挺直，伸出的脚不可太远，双腿不可叉开得过大，变换不可过于频繁，膝部要注意伸直。应注意身体不可不停摇摆，或两手插入口袋，或依靠在其他物件上；也不可双手叉腰，或抱在胸前。总之，站姿应该给人优美、自然的感觉。

(二)坐姿礼仪

1. 基本坐姿

坐姿的基本要领为：上体直挺，勿弯腰驼背，也不可以前贴桌边后靠椅背，上体与桌、椅应保持一拳左右的距离；双膝并拢，不可双腿分开；双脚自然垂地。双手应掌心向下相叠或两手相握，放于身体的一边或膝盖之上，头、额、颈保持站立时的样子不变。

2. 男士坐姿

男子就座时，双脚可平踏于地，双膝亦可略微分开，双手可分置左右膝盖之上，男士穿西装时应解开上衣纽扣。一般正式场合，要求男性两腿之间可有一拳的距离。在日常交往场合，男性可以跷腿，但不可跷得过高或抖。

3. 女士坐姿

(1)双腿垂直式。

基本要求是：双腿垂直于地面，双脚的脚跟、膝盖直至大腿都需要并拢在一起，双手叠放于左(右)大腿上。这是正式场合最基本的坐姿，可以给人以诚恳、认真的印象。

(2)双腿叠放式。

基本要求是：上下交叠的膝盖之间不可分开，两腿交叠呈一直线，给人以纤细的感觉。双脚置放的方法可视座的高度而定，既可以垂直，也可与地面呈45°角斜放。采用这种姿势时，切勿双手抱膝，更不能两膝分开。

(3)双腿斜放式。

基本要求是：双腿斜放式，即双腿并拢后，双脚同时向右侧或左侧斜放，并且与地面形成45°左右的夹角。这样，就座者的身体就会呈现优美的“S”形。

(4)双脚交叉式。

基本要求是：双腿并拢，双脚在踝部交叉之后略向左侧斜放。坐在主席台上、办公桌后面或公共汽车上时，比较适合采用这种坐姿，感觉比较自然。

(5)双脚内收式。

基本要求是：两条小腿向后侧屈回，双脚脚掌着地，膝盖以上并拢，两脚稍微张开。这也是变化的坐姿之一，尤其在并不受注目的场合，这种坐姿显得轻松自然。

4. 坐姿注意事项

为了使坐姿更加得体优美，应该注意落座时声音要轻，动作要缓，落座过程中，腰、腿肌肉要稍有紧张感；坐下后不要随意挪动椅子或腿脚不停抖动；坐着时不盘腿、不脱鞋、头不上扬下垂、背不前俯后仰、腿不搭座椅扶手。起立时要端庄稳重，不要弄得桌椅乱响。另外还要特别注意的是，一般不要坐满整张椅子，更不能舒舒服服地靠在椅背上。正确的坐法是坐满椅子的2/3，背部挺直，身体稍向前倾，以表示尊重和谦虚。

（三）行姿礼仪

1. 基本行姿

正确行姿的要点是轻盈、从容、稳健。在行进中，保持目视前方，上身正直不动，两肩持平不能随意晃动，两臂自然协调摆动，前后摆动的幅度约为45°，切忌左右摇动，两腿伸直但不僵硬，膝关节与脚尖正对前进方向，双脚踏在一条或两条直线上，步幅均匀。多人一起行走时，不能排成横队、勾肩搭背，遇急事可加快步伐，但不可慌张奔跑。

男士行姿应显示出潇洒的气质。双脚各踏出一条直线，步伐快而不乱，脚尖朝向正前方，与女士同行时，男士步子应与女士保持一致。女士行姿应显示出优雅的气质。双脚踏在一条直线上，形成“一字步”，步幅宜小不宜大。

2. 行姿注意事项

走路时不要弯腰驼背、低头无神、步履蹒跚，给人倦怠的感觉。不要在商务等正式场合踱着、晃着八字步，给人不雅之感。不要在行走时将手插在口袋里、双臂相抱或双手背后，以防给人留下漫不经心和傲慢的印象。

（四）蹲姿礼仪

1. 基本蹲姿

蹲姿是人在处于静态时的一种特殊姿势，主要适用于整理工作环境、给予他人帮助、提供必要服务、捡拾地面物品和自我整理装扮。下蹲时一脚在前，一脚在后，两腿向下蹲，前脚全着地，小腿基本垂直于地面，后脚脚跟提起，脚尖着地。

2. 蹲姿注意事项

下蹲时应与他人保持一定距离，下蹲时速度不宜过快、过猛，在他人身边下蹲时，最好是与之侧身相向。正面面对他人或者背部对他人下蹲，通常是不礼貌的。弯腰捡拾物品时，两腿叉开，臀部向后翘起，是不雅观的姿态。

(五)手势礼仪

手是人体最灵活的部分，所以手势是肢体语言中最丰富、最具有表现力的传播媒介，适当运用手势，可以增强感情的表达，起到锦上添花的作用。

1. 手势要求

手势的使用应该有助于表达自己的意思，但不宜过于单调重复，也不能做得过多。与他人交谈时，随便乱做手势、不停地做手势，会影响别人对你说话内容的理解。

2. 手势使用的注意事项

(1)打招呼、致意、告别、欢呼、鼓掌等都属于手势范围，但应该注意对力度的大小、速度的快慢、时间的长短等方面的把握。譬如见面握手致意，力度太轻显得敷衍，力度太重则可能弄痛对方，显得粗鲁。

(2)在任何情况下，不要用拇指去指自己的鼻尖和用手指点他人。

(3)介绍某人、为某人指示方向、请人做某事时，应使手指自然并拢，掌心向上，以肘关节为轴，指示方向，上身稍向前倾，以示敬重。

(六)表情礼仪

1. 眼神

眼睛是心灵的窗户，公关人员应掌握眼神的有关礼仪，懂得合理、适当地运用不同眼神来帮助表达情感，促进人际沟通。

注视的部位。注视对方的双眼表示对对方全神贯注，或洗耳恭听；注视对方的面部常用于与对方长时间交谈时，最好是注视对方的眼鼻三角区，以散点柔视为宜；注视对方的全身适于与对方距离较远时。

注视的角度。平视，即视线呈水平状态，表示双方地位平等，不卑不亢；仰视，即抬眼向上注视他人，表示对对方的尊重、敬畏；俯视，即视线向下注视他人，既可表示对对方的宽容与爱护，也可表示对对方的轻视。

注视的时间。在谈话交流时，眼神需注视讲话者，注视时间是谈话时间的30％～60％，超过这个时间区域，表示与谈话内容相比，对谈话对象本身更感兴趣；低于这个时间区域，则表示对谈话对象和谈话内容都不感兴趣。

需要注意的是，公关人员在与公众进行交流时，忌用冷漠、傲慢、轻视的眼神；不得左顾右盼、挤眉弄眼；不可白眼或斜眼看人；不可长时间盯着对方，尤其是女性；不可上下打量别人，含有轻视的意味；不可怀有敌意，带有挑衅性地盯视。

2. 微笑

微笑是最美的礼仪。微笑是人际交往的重要桥梁，能缩短交往双方的心理距离；微笑有助于美化组织形象，让组织更容易得到公众的认同与好感；微笑有利于形成良好的社会整体氛围，使人们生活在和谐的社会环境中。因此，在公关场合，公关人员要学会微笑，善于微笑。合格的微笑训练可以从以下方面来进行。

(1)放松面部肌肉，然后使嘴角微微向上翘起，让嘴唇略呈弧形。最后，在不牵动鼻子、不发出笑声、不露出牙齿，尤其是不露出牙龈的前提下，轻轻一笑。

(2)闭上眼睛，调动感情，发挥想象力，或回忆美好的过去，或展望美好的未来，使微笑源自内心。

(3)对着镜子练习。使眉、眼、面部肌肉、口形在微笑时和谐统一。

(4)当众练习法。按照要求，当众练习，使微笑规范、自然、大方，克服羞涩和胆怯的心理，也可以请观众评议并对不足进行纠正。

(七)人际交往距离

从生物学的角度来看，每一个生命都有自己的“领土”“领空”，人们叫它“安全圈”，一旦他人侵入这个范围，就会使其感到不安并处于防备状态。美国人类学家爱德华·霍尔博士在研究人类对自己独有空间的需求时，发现了四个界域区，分别为亲密界域、个人界域、社交界域、公共界域。明确这些界域距离的礼仪规范，对公关人员塑造良好的个人形象大有裨益。

1. 亲密界域

亲密界域的范围是50厘米之内。就交往情境而言，亲密界域属于私下情境，只限于在情感上联系高度密切的人之间使用，在社交场合，大庭广众之前，两个人(尤其是异性)如此贴近，就不太雅观。在同性之间，往往只限于贴心朋友，彼此十分熟识，可以不拘小节，无话不谈。在异性之间，只限于夫妻和恋人之间。因此，在人际交往中，一个不属于这个亲密界域圈子内的人随意闯入这一空间，不管他的用心如何，都是不礼貌的，会引起对方的反感，也会自讨没趣。

2. 个人界域

个人界域的范围是50～120厘米。任何朋友和熟人都可以自由地进入这个空间，不过，在通常情况下，较为融洽的熟人之间交往时应保持距离50～80厘米，而陌生人之间谈话则在80～120厘米。

3. 社交界域

社交界域的范围是120～360厘米。一般来说，在工作环境和社交聚会上，人们都保持这种程度的距离。在社交界域范围内，已经没有直接的身体接触，说话时也要适当提高声音，需要更充分的目光接触。如果谈话者得不到对方目光的支持，就会有强烈的被忽视、被拒绝的感受。

4. 公共界域

公共界域的范围为360厘米之外，这是人们在较大公共场合内所应保持的距离间隔，如做报告、发表演讲等。因其空间大，所以在这个界域里并无特殊的心理联系，在这个界域里，人们可以对他人“视而不见”，不与之发生交往。

不过，这种划分只是大致范围，并非固定不变。在人际交往中，每个人都应根据双方的关系及环境等因素，考虑自己保持什么样的人际距离是恰当的，而不能侵入对方的安全界域，引起对方不快。例如，双方如不是很熟悉，就不要侵入对方的“亲密界域”，否则，就被视为“越礼”。

第三节
社交礼仪

学习目标

1. 掌握各种见面礼仪的基本要求与技巧。
2. 理解交谈原则，掌握交谈技巧与常用的礼貌用语。
3. 掌握通信礼仪的相关要求。

一、见面礼仪

见面是交际的开始，使用见面礼仪，能体现出你的友善，传递出你对人的尊重。掌握见面礼仪，可以帮助公关人员顺利地通往交际的殿堂。见面礼仪包括介绍、称呼、握手和名片几个重要细节。

(一)介绍礼仪

1. 自我介绍

自我介绍，就是自己将自己介绍给他人的一种介绍方式，是相互认识、树立个人形象的重要手段和方法，也是一种重要的推销自我的方式。准确、得体的自我介绍，能够形成良好的社交“首因效应”。

根据交往的场合、目的、对象等方面的不同，自我介绍的方式与内容也相应有所区别，具体包括以下几点。

(1)应酬式自我介绍。其适用于一般的社交场合，如旅途中、宴会厅里、舞场、通电话时。这种介绍方式的内容以简单为好，往往只介绍自己的姓名即可。譬如：“您好！我的名字叫××。”

(2)工作式的自我介绍，也称为公务式的自我介绍。其适用于因业务往来及工作接洽而进行的自我介绍。这类自我介绍的内容主要包括姓名、单位和部门、职务或负责的具体工作。譬如："您好！我是刘林，是××市政府外事办公室的联络处处长。"

(3)交流式的自我介绍。这是在社交或工作场合寻求与对方进行沟通、交流为目的的自我介绍。这类自我介绍可以包括姓名、工作、籍贯、学历、兴趣及与交往对象的共同特点与话题等内容。譬如："我叫李颖，现在××大学从事教学工作。我是清华大学自动控制系99级的，我想我们是校友，对吗?"

(4)礼仪式的自我介绍。这是一种表示对于交往对象友好、敬意的自我介绍，适用于讲座、报告会、庆典等正规而又隆重的场合。这种自我介绍除了姓名、单位、职务外，还应该加入一些适宜的谦辞和敬语，以表示自己的礼待。譬如："各位来宾，大家下午好！欢迎大家光临这次大会。我是××公司的公关部经理王海燕。现在，由我代表本公司宣布我们的开业仪式正式开始。"

(5)应聘式自我介绍。这种自我介绍主要适用于应试、应聘和公务交往。这种介绍形式的内容主要有姓名、单位、专业、学历、职务、职称、年龄、政治面貌、籍贯、教育背景、工作经历、专长或业绩、兴趣，等等。这些内容是介绍的重点，同时，还要根据现场的情况，见机行事地介绍一些情况。

2. 介绍他人

介绍他人，主要指为彼此不认识的双方相互引见或者把一个人引见给他人的一种介绍方式。公关活动中，每个人都有可能充当为他人作介绍的角色，介绍他人时的礼仪要注意以下几点。

(1)讲究恰当的介绍时间。介绍前，应先向双方打招呼，使其具有思想准备，最好先说类似的话语，譬如，"请允许向您介绍一下……""请让我来介绍一下……"等。

(2)掌握合理的介绍顺序。为他人作介绍时，国际公认的原则是"尊者居后"，即坚持受到特别尊重的一方有了解对方的优先权，把身份、地位较低的一方介绍给身份、地位较高的一方。所以，在介绍的顺序上应该将男士介绍给女士，将未婚者介绍给已婚者、将晚辈介绍给长辈、将职位低者介绍给职位高者、将客人介绍给主人等。

(3)运用适宜的介绍姿势。作介绍时，介绍人应起立，行至被介绍人之间。在介绍一方时，应微笑着用自己的视线把另一方的注意力吸引过来。手的正确姿势应为手指并拢，掌心向上，胳膊略向外伸，指向被介绍者。作为介绍人，在为他人作介绍时，一定要认认真真，不要敷衍了事或油腔滑调，也不要用手指对被介绍人指指点点。

(4)陈述正确的介绍语。介绍人在为他人作介绍时，语言宜短，内容宜简，并应该使用敬语。介绍时应清晰地说出得体的称谓，有时还可用些赞美词去介绍对方。

(二)称呼礼仪

在工作场合，人们在各自的岗位上履行职责，遵守着岗位职责和工作规范，因此，工作中的称呼应庄重、正式和规范。然而在现实生活中，有不少人不分时间、地点和场合，仅凭自己的感觉和经验来称呼，使得称呼非常混乱，严重影响交际效果。为此，规范工作中的称呼十分必要。

1. 称呼方式

(1)职务性称呼。在工作中彼此进行交往时以职务进行称呼，可以表明身份区别，既得体又可以显示出敬意。职务性的称呼大体有三种情况。

一是仅仅称呼其职务。如“局长”“处长”“经理”等。

二是在职务前加上其姓氏。如“王局长”“李处长”“张经理”等。

三是称呼前加上其姓名。这一般只适用于正式场合，如“王强局长”“李湛处长”“张砷经理”等。

(2)职称性称呼。对具有职称，特别是中、高级职称者，可在工作中直接以其职称相称。一般来说也有三种称呼方式。

一是仅用职称称呼。如“教授”“工程师”“研究员”等。

二是在职称前加上其姓氏。如“李教授”“王工程师”“张研究员”等。而这种称呼又常常为了简单而采用约定俗成的简称来称呼，如将“王工程师”简称“王工”，将“林编审”简称为“林编”等。但是要注意的是，在使用简称法时，要以不发生误会或歧义为原则。

三是在其职称前加上其姓名的称呼。这一般是在比较正规的场合才使用的称呼方式，如“杜威主编”“马洪教授”等。

(3)学衔性称呼。在工作中，对有学衔的，特别是具有较高学衔者，以学衔进行称呼，往往会增加现场的学术气氛，提高被称呼者的学术权威性。具体有四种方式。

一是仅称学衔，如“博士”。

二是在学衔前加上其姓氏，如“方博士”。

三是在学衔前加上其姓名，如“田志强博士”。

四是根据社交场合的具体需要，可将学衔具体化进行称呼。如“法学博士张力”“工程硕士胡娜”等。

(4)职业性称呼。在比较正式的场合，往往习惯于职业性的称呼，这带有尊重对方职业和劳动的意思，同时也暗示了谈话与职业有关。通常有两种称呼方式。

一是用其职业来称呼。如“大夫”“医生”“老师”“警官”等。

二是在其职业前冠之以姓。如“史大夫”“张医生”“刘老师”等。

(5)姓名性称呼。这是在工作交往中，对于交往对象直接称呼其姓名的方式。这一般仅限于同事、熟人之间。也有两种方式。

一是直呼其名。如“李丽”“王芳”“张强”等。

二是只呼其姓，不呼其名，并根据具体情况在其姓氏前，加上“老”“大”“小”等进行称呼。如“老李”“大刘”“小张”等。

2. 称呼注意事项

(1)避免使用错误称呼。在称呼他人时，要避免将对方的姓名念错，对于把握不准的字，要事先请教，不要凭自己的主观想象，贸然称呼对方。如将“查”“盖”等这些姓氏望字猜音，发生错误。对于交往对象的年龄、辈分、婚否、职务等情况拿不准时，千万不要想当然地去称呼，而要摸准情况，再选择合适的称呼。

(2)称呼要与时俱进。称呼有一定的历史时代性，有些称呼会随时代的变化而被淘汰，也有些称呼会随时代变化应运而生，因此，称呼一定要合乎时宜，否则会闹出笑话。比如，现在称呼领导为“长官”“大人”，一定会贻笑大方。

(3)避免使用低级庸俗的称呼。在正式的社交场合，不要将私下个人之间交往的称呼搬出来。如“哥们”“兄弟”“姐们儿”“老兄”之类的称呼，是不适宜在正式社交场合使用的。

(三)握手礼仪

1. 标准握姿

正确的握手姿势是：距离对方约一步，两足立正，上身微微前倾，面带微笑，伸出右手握住对方的右手。伸出的右手应四指并拢，拇指自然张开，握住对方的右手，上下摆晃三下就松开自己的手，握手时间应以 3～5 秒为宜。

2. 握手顺序

在正式场合，握手时伸手的先后顺序颇为讲究，一般按照“尊者决定”的原则，即由身份尊贵的人决定双方有无握手的必要。正确的伸手顺序是上级在先、主人在先、长者在先、女性在先。

此外，遇到祝贺对方，宽慰对方或谅解对方的情况，应主动伸手。当然，在社交或工作场合，如果对方忽略了握手礼的先后次序已经伸出了手，公关人员应该毫不迟疑地伸手回握。不论在何种情况下，都不要拒绝与他人握手。

3. 握手注意事项

(1)通常情况下，人们应该站立着握手。如果你是坐着的，有人向你走来和你握手，必须站起来和他(她)握手。如果因身体不便或者其他原因不能站起来，一定要说：“对不起，我不能站起来。”

(2)握手时手要干净，如果碰巧手很脏，应先向对方致歉，将手洗净后再握。但在他人由于疏忽而伸出脏手与你相握时，你应该照样伸手，以示友好。

(3)男性同女性握手时，一般只是轻握对方的手指部分，切忌用两手握手。

(4)注意握手时间，与他人握手的时间不宜过短或过长。

(5)不要戴手套与人握手，只有女士戴薄纱手套与人握手是允许的。

(6)不要用左手与人握手。

(7)不要戴墨镜与人握手，有眼疾者可例外。

(8)多人握手时，不要交叉相握，要依次进行。

(9)不要在与人握完手后立即用手帕等物品揩拭自己的手。

(四)名片礼仪

名片是现代社会中必不可少的社交工具。名片是公关人员常备的一种交际工具。公关人员在与他人交谈时，奉上一张名片，不仅是很好的自我介绍，而且建立了联系，方便体面。在交往中，熟悉和掌握名片的有关礼仪是十分重要的。

1. 名片的递送

名片的持有者在递交名片时动作要洒脱、大方，态度从容、自然，表情要亲切、谦恭。应当事先将名片放在身上易于掏出的位置，取出名片先郑重地握在手里，然后再在适当的时机得体地交给对方。

递交名片要用双手递过去，以示尊重对方。将名片放置手掌中，用拇指夹住名片，其余四指托住名片反面，名片的文字要正向对方，以便对方观看，若对方是外宾，则最好将名片上印有对方认得的文字的那一面面对对方，同时讲些“请多联系”“请多关照”“我们认识一下吧”“有事可以找我”之类友好客气的话。

递交名片的时机，应当根据具体情况而定。如果名片持有者与人事先有约，一般可在告辞时再递上名片。如果双方只是偶然相遇，则可在相互问候，得知对方有与你交往的意向时，再递交名片。

多人交换名片时，要注意讲究先后次序，按照职位高低的顺序或者由近及远的顺序进行，切忌跳跃式进行，以免让对方有厚此薄彼之感。

2. 名片的接受

接受他人名片时，应恭恭敬敬，双手捧接，并表示感谢。接受名片者应当首先认真地看看名片上所显示的内容，必要时可以从上到下，从正面到反面重复看一遍，必要时可把名片上的姓名、职务读出声来，如“您就是张总啊”，以表示对赠送名片者的尊重，同时也加深了对名片的印象。然后把名片细心地放进名片夹或笔记本、工作证里夹好。

接受名片时应避免以下行为：马马虎虎地用眼睛扫一下，然后顺手不经意地塞进衣袋；随意往裤子口袋一塞、往桌上一扔；名片上压东西、滴溅菜汤油渍；离开时把名片忘在桌子上。名片是一个人的人格象征，这些行为是对其人格的不尊重，这样都会使人感到不快。

在收到了别人的名片后，也要记住给别人自己的名片，因为只收别人的名片，而不拿出自己的名片，是无礼拒绝的意思。

二、交谈礼仪

交谈是人们表达思想、交流信息和表达感情最直接、最快捷的基本方式，也是建立良好人际关系的重要途径。然而，交谈不单只是对语言的组织和运用，还要懂得交谈时的礼仪，即把握交谈的原则，熟悉常见的礼貌用语，注意交谈的技巧与禁忌。

(一)交谈原则

1. 真诚坦率的原则

真诚是做人的美德，也是言谈的原则。交谈双方态度要认真、诚恳，有了直率诚笃，才能有融洽的言谈环境，才能奠定言谈成功的基础。认真对待交谈的主题，坦诚相见，直抒胸臆，不躲不藏，明明白白地表达观点和看法。发自肺腑的语言才能触动别人的心弦，真心实意的交流是自信的结果，是信任人的表现，只有用自己的真情激起对方感情的共鸣，言谈才能取得满意的效果。

2. 互相尊重的原则

交谈是双方思想、感情的交流，是双向活动。要取得满意的交谈效果，就必须顾及对方的心理需求。交谈中，来自对方的尊重是任何人都希望得到的。交谈双方无论地位高低，年纪大小，或长辈晚辈，在人格上都是平等的。所以，谈话时，要把对方作为平等的交流对象，在心理上、用词上、语调上体现出对对方的尊重。尽量使用礼貌语、敬语、谦虚语，尤其是谈到自己时要谦虚，谈到对方时要尊重。

(二)礼貌用语

1. 问候语

人们在交际中，根据交际对象、时间等的不同，常采用不同的问候语。比如，在计划经济的年代，由于经济发展水平不高，人们面临的首要问题是温饱问题，因而人们见面的问候语是“你吃了吗?”今天，在中国不发达的农村，这句问候语仍然比较普遍，而经济比较发达的农村和城市，这句问候语已经很少听到了。人们见面时的问候语是“您好”“您早”等。

2. 欢迎语

欢迎语是接待来访客人时必不可少的礼貌语，如“欢迎您”“欢迎光临”“见到您很高兴”“再次见到您很愉快”等。

3. 回敬语

在社会交往中，人们常常在接受对方的问候、欢迎或鼓励、祝贺之后，使用回敬语以表示感谢。由此，回敬语又可称为致谢语。回敬语的使用频率较高，使用范围较广。俗话说礼多人不怪，通常情况下，你受到了对方的热情帮助、鼓励、尊重、赏识、关心、服务等都可使用回敬语。在我国使用频率最高的回敬语是“谢谢”“多谢”“非常感谢”“麻烦您了”“让您费心了”等。

4. 致歉语

在社会交往过程中，常常会出现由于组织的原因或是个人的失误，给交际对象带来了麻烦、损失，或是未能满足对方的要求和需求，此时应使用致歉语。常用的致歉语有“抱歉”“对不起”“请原谅”“打扰您了”等。

真诚的道歉犹如和平的使者，不仅能使交际双方彼此谅解、信任，而且有时还能化干戈为玉帛。有些时候，如果由于组织的原因或个人原因给交际对象造成一定的物质上、精神上的损失或增加了心理上的负担，在道歉的同时还可赠送一些纪念品、慰问品以示诚心道歉。

5. 祝贺语

在交际过程中，如果想与交际对象建立并保持友好的关系，公关人员应该时刻关注着交际对象，并与他们保持经常性联系。比如，当交际对象过生日、加薪、晋升、结婚、生子、寿诞，或是客户开业庆典、周年纪念、有新产品问世、获得大奖等时候，可以以各种方式表示祝贺，共同分享快乐。

祝贺用语很多，可根据实际情况需要进行选择。常用的祝贺语有“恭喜恭喜”“祝您成功”“祝您福如东海，寿比南山”“祝您生日快乐”“祝您好运”“祝您健康”等。此外还可通过贺信，在新闻媒介刊登广告等形式祝贺，如“庆祝××市国际服装节隆重开幕!”“××公司恭祝全国人民新春快乐!”等。总之，适时使用祝贺用语，对交际来说有百益而无一害。

6. 道别语

交际双方交谈过后，在分手时，人们常常使用道别语，最常用的道别语是“再见”，若是根据事先约好的时间可说“回头见”“明天见”。此外，还有“走好”“慢走”“再来”“保重”等。

7. 请托语

在日常用语中，人们出于礼貌，常常用请托语，以示对交际对象的尊重。最常用的是“请”，另外人们还常常使用“拜托”“劳驾”“借光”等。

(三)交谈技巧

1. 善找话题

选择好的话题是深入交谈的基础，是纵情畅谈的开端。寻找好的话题，可从以下几个方面着手。

(1)寻找共同点。交谈只有在共同的知识、经验、兴趣范围内才能进行下去。因而，应从交谈参与者的年龄、职业、学历、性格等特点上寻找共同点，并由此引出话题。如年龄相近的人可谈谈家庭起居、身体等。

(2)就地取材，随机应变。结合所处环境，就地取材来引出话题，如果是在朋友家，不妨赞美一下室内的陈设，比如，问问电视机的性能如何，谈谈墙上的画如何出色，等等。总之，采用赞美的语气，是最得体的办法。

(3)兴趣爱好。即在交谈中了解到交谈对方的兴趣爱好或对方最近正在从事的活动，根据对方的兴趣爱好选择话题。如对方喜爱足球，便可以此为话题，聊聊最近的精彩赛事、某球星在场上的表现，等等。重点在于引导，目的是导出对方喜欢讲的话茬儿。

2. 善用表情

同样一句话，从不同人嘴里说出来，具有不同的含义。其实，同样一句话，即使是从同一个人嘴里说出来，也可能因表情不同，而带有不同的含义，给人不同的感觉。所以，要达到友好的交谈效果，除了有令双方谈话和谐愉悦的话题以外，还要注重运用表情来表现谈话的感情色彩。

3. 善于倾听

人长着两只耳朵却只有一张嘴，就是为了少说多听。在交谈的过程中，每个人既是言者，又是听者。俗话说："善言，能赢得听众；善听，才赢得朋友。"在人际交往中，善听往往比善言更重要，善于倾听，是谈话成功的一个要诀。在倾听对方谈话时，应注意以下几点。

(1)与说话人交流目光，适当地点头或做一些手势动作，表示自己在倾听。

(2)听者应轻松自如，除非对方在讲一件骇人听闻的消息，应不时表示"哦""嗯"等，以引起对方继续谈话的兴趣。

(3)通过一些简短的插语和提问，暗示对方你确实对他的话感兴趣。或启发对方，以引出你感兴趣的话题。

(4)善于从别人的话里找出没能明白表达出来的意思，避免产生误解。也可以用一两个字暗示对方：你不但完全理解他的话，甚至和他趣味相投。

(5)不要急于下结论，过早表态会使谈话夭折。当然，如果对对方的话不感兴趣，那就设法转变话题，但不要粗鲁地说："哎，这太没意思了，换个话题吧。"

4. 诙谐幽默

诙谐是说话风趣，引人发笑；幽默是有趣或可笑而又意味深长。在交往中，人们难免要碰到这样那样的难题，如果采用针锋相对、硬碰硬的方法，往往适得其反，不但解决不了问题，甚至会把小事酿成大事。而诙谐幽默的高明之处在于用生动的语句，曲折地表达思想，化解因各种矛盾引起的紧张情绪和尴尬气氛，但要恰当使用，否则就会败坏整个谈话的情趣。

5. 注重求同存异

马萨诸塞大学的社会心理学家罗伯特·韦斯说："友谊的窍门就是共同点与不同点的高度结合。你们获得了足够的共同之处，你们就可以互相理解。如果获得的是足够的相反之处，那么矛盾就会互相转化。"在交谈过程中，当双方观点不一致时，避免争论、求同存异是最好的办法，切忌以势压人。陈述反对意见前，应充分尊重对方意见，肯定对方的意见是一条颇有见地的意见，明确表示自己所反对的只是对方意见的某一点，而绝不是全盘否定，随后再陈述自己的不同意见，并询问对方有何见教。

(四)交谈禁忌

1. 不要搞"一言堂"

谈话时不要总是滔滔不绝，容不得其他人插嘴。如果总是以自己为中心，完全不顾他人的情绪，会给人留下傲慢、放肆、自私的印象。当谈话者超过三人时，应注意同大家一起谈，不要只对某个人窃窃私语，凑到他耳边小声说话；不要因为"酒逢知己千杯少，话不投机半句多"，而冷落了他人。

2. 不要随便打断对方的讲话

随意打断对方的讲话是对对方不尊重，应该等对方把话说完，再进行发言。

3. 避免行话、术语

不论是在跨国交流，还是在本国交流中，一定要注意不要使用行话、术语和方言，尤其是不同文化背景的人，更应该注意。

4. 不要胡乱幽默

在适当的情境中，使用幽默的语言讲话，可以使人们摆脱拘束不安的感觉，变得轻松而愉快。但幽默并不是一件容易的事，肆无忌惮地胡乱幽默，不但达不到幽默的效果，还容易使对方陷入尴尬的境地，从而影响交际效果。因此，幽默一定要注意分寸，把握好尺度。

5. 不要与别人抬杠、争执

抬杠容易造成情绪对立，恶化交际氛围，引起离心倾向，不利于人际交流。在交往中，和气生财，和气才能保证广交朋友，而不要与人发生无谓的争执，不要争强好胜，否则是不礼貌的。

6. 避免搬弄是非

在正式的商业场合中，一言一语都会成为影响交往的重要信息，不能将是非与闲话进行搬弄，不要传播别人的信息，不要传播小道消息。朋友对你说的心里话，不要当作闲谈的资料去到处宣扬，这样做是不道德的。

三、通信礼仪

通信礼仪，就是人们在公关交往中使用通信工具进行联络时所遵守的礼仪规范。遵守通信礼仪规范，有助于保持良好的人际关系，增进彼此间的友谊。通信礼仪主要包括文书礼仪、电话礼仪、网络通信礼仪。

(一)文书礼仪

1. 信函礼仪

(1)称呼。称呼也叫作称谓。它位于信笺第一行，顶格书写，通常后加冒号。称呼最好不直呼其名，除非关系很近很熟，又是平辈论交、职位相当。称呼包括四要素：名字、职位、关系、尊词。四要素可以单独使用，也可以联合几项使用。

①名字。名字应该书写学名(大名)，而不写小名、绰号、别名。

②职位。职位是职务、职称的统称。譬如“经理”“教授”。

③关系。关系是作者与收信人之间的亲密程度的表示，譬如“大姐”“贤弟”。

④尊词。尊词是表示尊敬的礼貌用语。譬如“先生”“女士”“同志”。

(2)开头应酬语。开头应酬语是正文说事之前，写几句问候、寒暄之类的话用以导引，或思念，或问候，或感谢，或庆贺，如“您好”“很想念”“近来好吗”等。

(3)正文。正文是信函的主要内容。要求明确简要，礼貌周到。语言应该晓畅易懂，忌用口语；字迹要规范，不要写潦草字、异体字等。

(4)问候祝颂语。正文说完，最后应再说上一两句客气话，如“祝您身体健康”“此致敬礼”等。它的格式是头一词组在上一行空两格书写，余者另起一行顶格书写，如“此致”在上一行空两格，“敬礼”另起一行顶格书写。

(5)落款。落款是信函的签署要求，须写出以下四项内容。

①自称。自称是相对于收信人的自我称呼，如写给老师就自称“学生”，写给上司就自称“行政秘书”等。

②署名。即署上自己的名字。

③末启辞，也叫作礼告敬辞。写在署名之后，如“敬启”。

以上自称、署名、末启辞写在一行，如“学生李一民敬启”。位于信笺末页右下方。

④时间。时间写在自称、署名和末启辞的下一行下方，要求写全年、月、日。

2. 致辞礼仪

(1)公关礼仪性致辞主要有开幕词、闭幕词、欢迎词、欢送词、答谢词、祝贺词、凭吊词等。各类致辞除了都有一套相应的格式和规范要求外，更主要的是必须根据不同场合、不同内容、不同对象和不同需求而有所侧重和变化，这就要求在撰稿前，必须对所服务组织的有关情况，所举办的活动性质、内容和所出席对象的层次、范围、特点有一个基本把握，这样才能在写作中应对自如，很好地体现对对方的尊重。

(2)致辞文书礼仪的特点。

①口头性。致辞类的文稿是讲话人口头发言的依据，需要当众口述，为使讲话晓畅通达，同时为了方便听众听清楚，就应该照顾到口语的特点，注意口语的要求，如句子不要太长，尽量减少修饰语，以免分散听众的注意力；语言上讲究平仄、抑扬顿挫，听起来亲切自然；同时要求形象生动，有文采，避免呆板枯燥。

②直接性。致辞是直接面对听众的，是讲话人与听众面对面的交流，这就要求讲话人须随时顾及听者的反应并对讲话内容和讲话姿态做适当调整。

③针对性。致辞如果针对性不强，就会使听众感到乏味，分散注意力，甚至造成场面混乱，无人听讲的情况，达不到讲话的目的。因此在写作时，一定要考虑到致辞的场合和对象，并在此基础上确定主题和语言，做到有的放矢。

④情感性。致辞是说者与听者之间直接的情感交流，不仅要表达讲话人的观点，还要以情感人，致辞中注入适当的感情色彩可以收到良好的效果。这就要求致辞要出于真情实感，发自内心，同时尽量灵活运用多种表达方法来调动听众的情感，增强鼓动性和号召力。

3. 柬书礼仪

(1)请柬。

请柬也叫请帖，是邀请某单位或某个人参加某项活动而使用的专用书信。

请柬的形状、大小可根据喜好自行确定，没有统一标准。其基本格式包括以下几个部分：一是封面。颜色、图案可自行设计，封面上写明“请柬”二字。二是称谓。与信函称谓基本相同。三是正文内容。其主要包括活动性质、规格、活动时间、地点及其他有关事项。四是祝颂语。与信函的祝颂语基本相同，但较之于信函要简单些。最常用的祝颂语是“敬请光临”。五是署名和日期。与信函相同。

请柬是一种比较正规、隆重的文书，是一种具有特殊意义的书信。因此，邀请者一定要注意请柬的设计和制作，它代表着邀请者对受邀请者的真诚和重视，也体现着邀请者的自身形象。请柬一般应提前 4～10 天寄出或亲自送达，以便受邀请者及早做出应邀与否的决定或准备。

(2)聘书。

聘书是一个组织邀请有关人员担任某项职务，承担某项工作时所使用的柬帖。

聘书主要由名称、正文、结尾、署名、日期几个要素组成。

名称为“聘书”或“聘请书”，字号较大，印在封面以及内页正文上方。在封面的名称占整面的居中位置，文字一般竖排；在内页正文上方的名称，字号大于正文文字即可。

正文语言简洁，应写上受聘人姓名、为何聘请、聘请担任什么职务，有时还要写上聘请期限或时间。除以书信形式出现的聘书外，一般不在开头写受聘者的姓名、称呼。受聘者的姓名和称呼往往在正文中写明。

聘书的结尾，习惯写上“此聘”两字，有时也可不写。书信体的聘书结尾还可以写表示敬意和祝愿的话。

署名是在正文的右下方署上聘请单位的名称并加盖公章。最后在正文的右下方签发聘书的日期。

现在许多聘书，封面上的标题都烫金字，以示隆重。封面有缎面、布纹面、塑料面几种，颜色以红色为多。

填发聘书，事先应让受聘人知晓，并主动、友好地与受聘人商量，使之有思想准备，达成一致意见。贸然行事，有时会使受聘人感到对他不尊重。

(二)电话礼仪

1. 接电话的礼仪

(1)电话铃响后应尽快接听，争取在铃响三声内拿起话筒。接电话时的第一句话应当是“您好”；如果在单位里则可以说“您好，××公司”；如果对方没有立即应答，可以主动询问：“请问您找哪位通话?”或者“有什么可以帮助您?”

(2)接电话时，应轻拿、轻放，仪态文雅庄重；态度热情，用语礼貌。通话过程中，可以不时轻声回应“嗯”“是”“对”“好”等词语，让对方知道自己一直在聆听。

(3)接听重要电话时，应准备纸和笔，做好电话记录，记录完毕后向对方复述一遍以核对是否正确。

(4)如果对方请你代转电话，你可以说“请稍等片刻”，然后迅速找人。如果对方指定接电话的人不在，可告之，“抱歉，对方不在，需要我转告什么吗?”

(5)若接到拨错号码的电话，应礼貌告诉对方：“您打错了，这里是××。”

2. 打电话的礼仪

(1)打电话前应有所准备，先考虑好通话的内容，准备需要的文件材料。如果要谈的内容比较多，可以先写下谈话的要点，避免遗漏；并准备好纸笔，记录对方谈话的重要内容。

(2)打电话应当选择适宜的时间，若无急事，不要在早上 7 点以前和晚上 10 点以后打电话，并且应尽量避开午休和用餐时间，通话时间不宜过长，叙述简明扼要，一般以 3～5 分钟为宜。

(3)打电话时要使用“您好”“请”“谢谢”“再见”等礼貌用语，态度温和。

(4)打电话时的礼貌和善意会通过电话传递给对方。说话时应声音愉快，语调温和，语速适中，口齿清晰，用音调和语言表达出诚恳和热情。

(5)挂断电话要本着以尊为上的原则，一般是主叫先挂，但如是长辈、上级、客户的电话，应当等对方先挂电话，之后再把电话放下。

(6)打电话拨错电话号码时应向对方主动表达歉意。

3. 使用电话的注意事项

(1)尽量不在电梯、路口、公交车等公共场合使用电话，如果确有必要，应该尽可能压低声音并尽快结束通话。在需要保持安静的公共场所，如电影院、美术馆、音乐厅等，应当关机或使手机处于静音状态。

(2)在上课、开会、会见或其他重要活动期间，应当关机或使手机处于静音状态，表示对他人的尊重。

(3)在开车途中以及油库周围，不允许使用手机，以免发生危险。

(三)网络通信礼仪

1. 电子邮件礼仪

电子邮件是网络时代重要的交流方式之一，通过电子邮件传递文件材料非常快捷。使用电子邮件的礼仪有以下几项。

(1)主题应简洁明晰。

在电子邮件的“主题”或“标题”一栏，一定要写清楚邮件的主题或标题。邮件的主题要避免过长的句子，除非有特殊需要，否则一般主题不要使用标注紧急程度的用词，如“紧急”“重要”等字样。

(2)内容要简短规范。

不管是使用中文还是英文撰写邮件，内容都应遵照普通书写信件的格式和要求。邮件正文要简洁，以便收件人阅读。用语要礼貌，以表示对收件人的尊重。要注意使用标点符号，正确地断行、断句。发送邮件前必须再仔细阅读一遍。

(3)附件添加要谨慎。

如果所发邮件有附件，一定要在信件内容里加以说明，以免对方没有注意到。

(4)定期检查电子邮箱。

定期打开收件箱查看邮件，以免遗漏或耽误重要邮件的阅读和回复。

(5)及时妥善地回复邮件。

收到电子邮件后，要考虑清楚后再及时回复对方。如果暂时回复不了，最好先给对方发个简单邮件表示已经收到，需要多一点儿的时间来处理这个问题。

(6)增强网络安全意识。

邮件系统作为业务联系的主要工具，存储了大量敏感信息，一旦遭受攻击，后果将十分严重。故公关人员应自觉增强网络安全习惯和意识，选用专业的企业邮箱服务商，不随意点击或转发来历不明的电子邮件，以防邮箱被盗或中病毒，从而影响到个人和组织形象。

2. 社交媒体礼仪

随着互联网技术的快速发展，即时通信已经成为人们日常生活中重要的交流沟通工具，QQ、微信、微博成为人们沟通交流的主要手段，越来越多的人使用这些通信工具与他人进行联络。使用时应注意以下几点。

(1)规范使用个性名称。

大部分的网络通信工具都可以设置个性名称，但在工作中使用不能采用容易引起歧义的过于个性化的名称，要使用规范名称，如公司名称、个人姓名等，以方便辨认。如果对方是个性名称，可以通过“更改对方昵称”等方式，改成“对方单位简称＋对方姓名”。个人签名要避免使用过于消极或者不健康的内容。交流称呼上应和见面称呼一样，不能随意、失礼。

(2)内容表述要恰当。

大部分的网络通信工具具有即时性的特点，发送的内容对方即时就能看到，所以要养成发送前再审核一遍所发内容的习惯，不要有错别字和容易引起歧义的内容。表述方式上尽可能多用短句，这样更加方便对方阅读，注意标点符号的使用，否则会让对方感到发送人正在不耐烦的状态中。

(3)适当设置。

网络通信工具大部分都有设置功能。因此，当要发布的消息不是大众喜好或所需时，我们可以通过设置让部分用户自行获取消息。

第四节
活动礼仪

学习目标

1. 掌握接待礼仪的基本要求。

2. 了解会议礼仪及庆典礼仪的相关要求。

一、接待礼仪

迎来送往，接待访客，是公关人员日常的主要工作内容之一。接待工作的好坏，直接影响到公众对组织的印象与评价。因此，正确使用接待礼仪，对建立良好组织形象有着极其重要的作用。

(一)办公室接待礼仪

公关人员需要经常在办公室接待各种来访者，倾听他们的投诉，回答他们的咨询，解决他们的问题，或商量、讨论工作相关事宜。

对于来访者无论是何人，首先应以微笑礼貌地表示欢迎，热情招呼其坐下、端上一杯热茶；然后迅速了解来访者的身份、来访目的和具体要求，以便决定接待的规格、程序和方式。

按照客人的身份来安排对等的接待者。对于一般的顾客，应耐心地倾听他们的投诉，热情地回答他们的咨询，尽可能解决他们的实际问题，让他们带着满意的心情离去；对于专业性较强的访问，公共关系部应立即与有关的专业技术部门联系，积极引荐有关方面的权威人士，并协助做好沟通安排；对于特别重要的来访者，应由公共关系部经理亲自出面接待，并立即传报上级主管乃至最高负责人。

(二)迎送礼仪

公共关系接待工作很多时候也会发生在车站、机场、码头等地，做好此类接待工作需要注意如下方面。

1. 了解客人的基本资料

准确记住客人的名字、相貌特征，弄清楚客人的身份、来访目的、与本组织的关系，记住客人到来的时间、乘何种交通工具以及其他背景材料。

2. 确定迎送规格

要根据客人的信息、结合本组织的情况来确定迎送规格。对较重要的客人，应安排身份相当、专业对口的人士出面迎送；也可根据特殊需要或关系程度，安排比客人身份高的人士破格接待。对于一般客人，由公共关系部派人员迎送即可。

3. 做好迎送准备工作

核实客人的班机或车船班次、时间；安排好迎送车辆；预先为客人准备好客房及膳食；如果对所迎接的客人不熟悉，需要准备一块迎客牌，写上“欢迎××先生(女士)”以及本组织的名称；如需要，还可准备鲜花等。

4. 严格掌握并遵守时间

无论迎送，均需要提前 15 分钟到车站或机场等候客人，要考虑到中途交通与天气原因，绝不能让客人等。如果迟到了，无论怎样解释，都很难消除客人的不快和对相关人员不佳的印象。如送行时客人需办理托运或登机手续，可由公关人员提前前往代办。

5. 迎接与介绍

接到客人后，及时表示欢迎或慰问，然后相互介绍。通常先将前来欢迎的人员介绍给来宾；或自我介绍，并递上名片。客人初到一般较拘谨，应主动与客人交谈，话题宜轻松自然，如客人的旅途情况，当地的风土人情、气候特点、旅游特色，客人来访的活动安排、筹备情况、有关建议，以及客人可能关心的其他问题。除客人自提的随身小件行李外，应主动帮助客人提行李。

6. 妥善安排

客人抵达住地后，尽可能妥善安排，使客人感到宾至如归。譬如，向客人提供活动的日程计划表、本地地图和旅游指南；向客人介绍餐厅用餐时间及主要的接待安排，了解客人的健康情况及特殊需要(如回程机票、车票、船票)；到达后不要马上安排活动，迎接人员不必久留，以便让客人更衣、休息和处理个人事务；离开前应该约好下次见面的时间及联系方式等。

二、会议礼仪

会议是为实现一定的组织目标，由会议组织者召集一定规模的公众共同参与的一项事务性活动。一般来说，会议有着规范的程序，也有着明确的目的，但无论是组织者还是参加者都必须遵守相应礼仪，这是会议成功与否的重要保证。

(一)会议筹备礼仪

1. 确定会议主题与目标

主题就是会议的核心议题，主题应鲜明、具体，避免造成任何歧义或误解。

任何会议都有一定的目的，或是就某个主题征求各方意见，或是寻求一个统一的解决方案，也有的是通过会议形成或落实某个决策方案，会议的主持者应牢牢把住这个目标，使会议有序进行。

2. 确认议程

制定会议议程是会议组织者的职责，要求在会议举行前就要将讨论的事务内容和顺序做出决定。在发放议事日程时，必须有所需讨论事务的有关材料。会议议程上应标明：会议的时间和地点、会议的目的、会议议题的顺序等。

3. 准备会议资料

会议资料主要包括：会议日程安排(含会议具体时间、场所及食宿规定)；会议议程；重要会议应有领导讲话相关文字资料；需要与会者讨论、学习的有关资料；需要使用的投影仪、录像带、光碟等。

4. 会议通知

根据会议主题和会议步骤(议程、程序、日程等具体内容)，拟订与会人员名单或范围；并及时寄发会议通知。会议通知书上，要写明以下事项：会议名称、会议召开时间、会议目标、会议议题、会议场所(附导向图)、请对方答复是否出席的期限、主办者及联络地址和电话、会议其他事项(如有无停车场、有无会议资料、有无就餐安排等)。

5. 会场选择

(1)大小适中，太大则显空旷，太小则显挤塞。

(2)地点合理，尽可能靠近交通中心(车站、码头)，方便与会人员聚散。

(3)附属设施齐全，会场照明、通风、卫生、电话、音响等设备一应俱全。

(4)要有停车场，便于与会人员交通工具停放。

6. 会场布置

(1)气氛适宜，根据会议性质，或隆重庄严，或喜庆热烈，或和谐亲切等，做出相应安排，要有相应标语、会标、花卉、彩灯等，以烘托气氛。

(2)会场形式，根据会议规模与性质，可以采用圆桌式、方桌式、“口”形式、“U”形式等样式。

(3)座次排列，包括主席台座次和其他与会人员座次，可按汉字笔画式、地理位置式、行业系统式等排列。

7. 其他准备工作

(1)后勤、会务、保安、服务礼仪人员的安排准备。

(2)食宿、茶水、交通、器材设备及与会者需要的笔、纸、本等办公用品的准备。

(3)礼品、赠品的准备。

(二)主持人礼仪

(1)会议主持人由于其特定的身份，其仪态将直接影响着与会者对会议的看法。因此，主持人在整个会议中的坐姿、站姿和谈吐，必须表现得令人信服。从坐姿看，应保持上身端正，腰要挺直；面部表情从容冷静，目视前方，余光兼顾全场；双腿自然下垂，不要跷腿或抖动；双手在会议桌上对称平摆呈“八”字形；不要频繁乱动，如喝水、抽烟、搓手、搔头等。站立时，应双腿并拢，挺胸直背，身体不可晃动。若是持稿主持，需以右手或双手持稿，与胸等高，在读讲稿的同时，目光应间隔性地扫视与会者。主持人与讲话者不同，一般不要有手势，即使有，动作也不可过大。讲话应口齿清晰，内容明确，能够把握会议进程的缓急，思维敏捷，善于引导并能够及时穿插，使会议不空场、不冷场。

(2)要对每一个议程设定时间限度。估计一下讨论每一议题所需要的时间，就能掌握整个会议的进度，适时地引导与会者归纳、总结并做出决议。只有这样才能避免无休止的讨论，创造出一个富有建设性成果的环境。

(3)不要偏离议题，使会议各项目的讨论循序渐进。当有人提出一些非会议议程中的议题时，主持人需要礼貌而又坚决地把与会者的讨论引回主题。比如，可以说："这确实是一个重要问题，可以放在以后的会议上讨论。现在让我们接着进行刚才议题的讨论。"

(4)会议主持人的言谈要根据不同的会议气氛或庄重，或幽默。要处处尊重他人的发言和提问，口齿清楚，思维敏捷。调节、控制会议气氛和议题，会议出现僵局冷场后要及时引导，不以动作、表情或语言对不同意见者表示不满。

(5)应该以一种鼓励所有与会者都参与的方式主持会议。主持人尤其应该要求那些腼腆的会议成员谈谈他们对一些问题的看法，同时提醒那些发言过多的人应该把时间让给别人。主持人应该像催化剂那样使会议活跃起来，自己的发言时间不要超过整个会议时间的25%。

(三)与会者礼仪

(1)准时到会，不迟到，不早退。遵守会议各项准则和要求，尽力参与，把会议开得圆满、成功。

(2)服饰要得体，注意仪容仪表仪态，举止大方自然，待人彬彬有礼。

(3)虚心听取别人发言，不随便打断别人的谈话，万不得已要插话，应使用礼貌用语。

(4)讲话应顾及全体在场人员，力求突出重点，简洁明快，不能乱发议论，耽误别人的时间。

(5)不能随便在会议进行过程中离开会议室。当会议进行过程中有来访者和电话时，当事人应先与会议主持人打招呼，然后再离开会议室。打招呼不妨用耳语或便条等形式，以不引起大家的注意、不影响会议进行为原则。离开会议室后，应尽快处理完事务，然后及时返回参加会议。

(6)集中注意力。不交头接耳，不打瞌睡，不翻阅无关资料，保持会场安静，不大声喧哗。

(7)有序就座。一般来讲，开会相对都有组织者座位和其他与会者座位，这种座位不一定是刻意安排的(正式会议除外)，有时是自然形成的。例如，组织者若干人自然地坐在了一起，以后经常按此坐法，那么这几个位置就习惯上成了相对的组织者座位，即通常所说的“主席台”，其他的座位就成了一般与会者的座位了。一旦形成了相对的座位，就应约定俗成，各自坐开，不要乱坐。打乱秩序，反而会使人心理上不习惯，把组织者挤在某个角落是不得体的，分散组织者的座位，也不利于会议的组织工作。

(8)积极发言。如果有讨论最好不要保持沉默，这会让人感到你对事件漠不关心；想反驳别人时不要打断对方，应待对方讲完再阐述自己的见解，别人反驳自己时要虚心听取，不要急于争辩。不要在别人发言时说话、随意走动、打哈欠等，这是失礼的行为。

(9)尊重他人。与会者作为客人，应服从会议组织者的安排。在会场，与会者应该听从主持人的安排，并对主持人的提议做出积极的回应；报告结束，与会者应报以热烈的掌声，以此对演讲人表示赞赏和感谢。

三、庆典礼仪

庆典活动是组织利用自身或社会环境中的相关重大事件、纪念日、节日等所举办的各种仪式、庆祝会和纪念活动的总称。庆典对组织而言有着重要作用，它可以强化组织的知名度和影响力，传递组织信息，使组织赢得更多的成功机会和合作伙伴。因此，讲究庆典礼仪是公关礼仪的一项重要内容。

(一)筹办礼仪

1. 制订庆典活动方案

每一个庆典活动，必须制订一个活动方案，包括典礼的名称、规格规模、邀请范围、时间地点、典礼形式、基本程序、主持人、筹备工作、经费安排等。庆典活动要执行国家有关规定，重大庆典活动需提前报政府机关审批，市一级举办重大庆典活动报省委、省政府审批，县一级举办重大庆典活动要报市委、市政府审批并报省委、省政府办公厅备案。

2. 做好舆论宣传工作

应利用传媒多作报道，发布广告，也可派人在公众场合散发宣传品，造成一定的舆论声势，引起公众的广泛关注。公关活动及宣传广告等活动宜安排在庆典仪式前3～5天进行，最多不超过一周，过早和过迟都难以收到良好效果。

3. 做好邀请工作

邀请的来宾一般包括政府有关负责人、社区负责人、知名人士、同行代表、新闻记者、员工代表及公众代表等。邀请应郑重其事，使用印刷精美的请柬，并尽早发出去。鉴于庆典的出席人员甚多，牵涉面极广，故不到万不得已，不要将庆典取消、改期或延期。

4. 认真布置会场

会场要突出庆祝的气氛，可以挂横幅、插彩旗、张贴宣传标语。主席台前要摆放鲜花花盆，台布要干净、平整、色彩热烈。会场大小应与到会人数相称，如果会场太大，就会显得场地空荡，比较冷清，影响庆典效果；但如果会场太小，就容纳不了参加庆典的人员，也不妥当。

5. 搞好接待工作

庆典组织者应当妥善做好迎送接待工作。当来宾莅临，应由专人引导进入来宾室或会场。上级部门的领导，应由主办单位负责人亲自迎送。要准备好足够的茶水，以备来宾饮用。

6. 安排庆典活动程序

合理安排庆典程序，一般包括重要来宾留言、题字；主持人宣布活动开始；奏乐，介绍重要来宾；领导人致辞和来宾代表讲话；剪彩、参观活动等。有时还安排座谈、宴请、文艺节目等活动。

(二)出席礼仪

1. 仪容要整洁

所有出席庆典的人员，事先都要洗澡、理发，男士还应刮胡须。无论如何，届时都不能蓬头垢面、胡子拉碴、浑身臭汗，否则会给单位的形象“抹黑”，女士应化淡妆。

2. 服饰要规范

有统一式样制服的单位，应要求以制服作为本单位人士的庆典着装。无制服的单位，应规定出席庆典的本单位人员必须穿着礼仪性服装。即男士应穿深色西装套装，配白衬衫、素色领带、黑皮鞋。女士应穿深色西装套裙，配长筒肉色丝袜、黑色高跟鞋，或者穿深色的套裤，或是穿花色素雅的连衣裙。

3. 时间要遵守

遵守时间是基本的商务礼仪之一。对本单位庆典的出席者而言，更不能小看这一问题。上到本单位的最高负责人，下到级别最低的员工，都不得迟到、无故缺席或中途退场。如果庆典的起止时间已有规定，则应当准时开始，准时结束。

4. 表情要庄重

在举行庆典的整个过程中，都要表情庄重、全神贯注、聚精会神。假若庆典之中安排了升国旗、奏国歌的程序，一定要依礼行事：起立，脱帽，立正，面向国旗或主席台行注目礼，并且认认真真、表情庄严肃穆地和大家一起唱国歌。

5. 态度要友好

遇到来宾，要主动热情地问好。对来宾提出的问题，都要立即予以友善的答复。不要围观来宾、指点来宾，或是对来宾持有敌意。当来宾在大典上发表贺词时，或是随后进行参观时，要主动鼓掌表示欢迎或感谢。即使个别来宾在庆典中表现得不甚友善，也不应“仗势欺人”，或是非要跟对方“讨一个说法”。不论来宾在台上台下说了什么话，主方人员都应当保持克制，不要有吹口哨、鼓倒掌、敲打桌椅、胡乱起哄等不良行为。并且不允许打断来宾的讲话，向其提出挑衅性质疑，与其进行辩论，或是对其进行人身攻击。

6. 行为要自律

既然参加了本单位的庆典，主方人员就有义务以自己的实际行动，确保庆典的顺利与成功。至少，大家不应当因为自己的举止失当，而使来宾对庆典做出不好的评价。在出席庆典时，主方人员在举止行为方面应当注意以下几个问题。

(1)不要“想来就来，想走就走”，或是在庆典举行期间到处乱走、乱转。

(2)不要找周围的人说悄悄话、开玩笑，或是朝自己的“邻居”，甚至主席台上的人挤眉弄眼。

(3)不要有意无意地做出对庆典毫无兴趣的姿态，例如，看手机、看报纸、读小说、听音乐、打瞌睡等。

(4)不要让人觉得自己心不在焉，比方说，手机铃突然响起，东张西望，一再看手表，或向别人打听时间等。

练习题>

一、简答题

1. 公关礼仪的含义是什么？它的主要原则有哪些？

2. 公关礼仪有什么作用？

3. 化妆礼仪需要注意哪些问题？

4. 服饰穿戴有哪些原则？

5. 社交礼仪有哪些内容？

6. 会议筹备礼仪有哪些内容？

二、实训题

1. 如果你要参加谈判会议、庆功晚会、假日出游 3 种不同的场合，你该怎样注意你的服饰穿着，请利用网络查找参考资料，说明你选择的理由。

2. 对电视媒体中有关节目的“自我介绍”的形式进行点评，完善自己的自我介绍。

3. 模拟不同情境，进行正确握手方式训练。

三、案例题

作为一个公共关系从业人员，这个案例可以给你什么启示？

一位女推销员在美国北部工作，一直都穿着深色套装，提着一个男性化的公文包。后来她调到南加利福尼亚州，她仍然以同样的装束去推销商品，结果成绩不够理想。后来她改穿色彩淡的套装和洋装，换一个女性化一点的皮包，使自己有亲切感，着装的这一变化，使她的业绩提高了25%。

第十一章

公共关系写作规范与案例

本章概述

本章介绍了四种常见的公共关系文书——新闻稿、广告宣传资料、内部刊物和日常公文的写作规范，并配以丰富的案例。首先，介绍了新闻稿的含义及特点，新闻稿的一般格式、基本要求和写作技巧；其次，介绍了公共关系广告、宣传资料，再次，介绍了内部刊物的类型、内容和创办内部刊物的技巧；最后，具体阐明了日常公文的五大类别——告知类、庆贺类、迎送类、邀聘类和慰谢类。

结构图

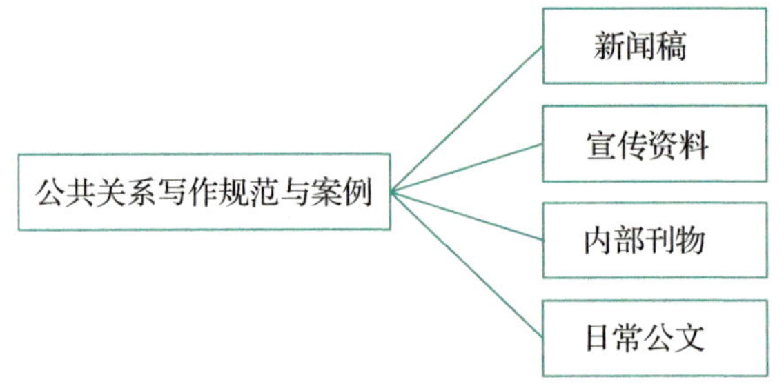

本章要点

1. 新闻稿撰写的一般格式。
2. 公共关系广告的类型。
3. 公共关系广告的写作要求。
4. 内部资料的主要内容。
5. 告知类公文的格式和写法。
6. 庆贺类公文的格式和写法。

本章难点

1. 掌握新闻稿的写作技巧。
2. 掌握内部资料的写作技巧。

第一节 新闻稿

学习目标

1. 了解新闻稿的含义和特点。
2. 掌握新闻稿的一般格式和写作要求。
3. 掌握新闻稿的写作技巧。

一、新闻稿的含义及特点

新闻稿是通过广播、电视、报刊等大众传播媒介传播组织信息的一种公共关系文书，它传播面广，影响力大，因而是社会组织公共关系工作中经常使用的一种信息传播方法。

所谓新闻，是对新近发生的事实的报道。一则新闻报道必须具备的五个基本要素，分别为何时(when)、何地(where)、何事(what)、何因(why)、何人(who)。此外，新闻稿必须有新闻价值，只有具有新闻价值的稿件才会为新闻机构所采用。新闻事实所包含的价值要素越丰富，级数越高，新闻价值就越大。

新闻的基本特点有真实性、时效性和准确性。真实性，即反映的内容必须是真实的；时效性，即具有时间限制；准确性，即报道的时间、地点、人物、事情、原因和经过都经得起核对。

二、新闻稿的一般格式

新闻稿一般由标题、导语、主体、背景和结尾五个部分组成，但在实际写作时不必一应俱全，而应看具体情况进行组合。

(一)标题

标题是一篇消息的高度概况和精练总结，是一篇消息的“眉目”。标题通常有以下三种形式。

1. 单行标题

只有一个正题，可以起到简洁明了、易读易记的效果。

2. 双层标题

一是在正题上加引题，二是在正题之下加副题。正题为实题，概括事实；引题、副题为虚题，可阐明意义、渲染气氛，从而达到虚实结合，互为补充的效果。

案例

江西加快提升创新能力(主)

将引进共建约 150 家高端研发机构(副)

(资料来源：《人民日报》，2020 年 9 月 1 日)

3. 多行标题

包括引题、正题和副题。引题，交代背景，烘托气氛；正题，揭示新闻的主要内容或中心思想；副题，补充正题的事实与思想。

 **案例**

车辚辚 马萧萧 凯歌贯云霄(引)
最可爱的人回来了(主)
安东市举行盛大欢迎大会和欢迎宴会(副)
(资料来源：《人民日报》，1958 年 3 月 17 日)

(二)导语

导语是新闻的开头语，它用简短的语言介绍主要内容，揭示新闻主题；或采取其他生动形式引起读者的阅读兴趣。导语是新闻写作的专用术语。导语的形式有很多，如概述式、提问式、描述式、结论式等。

(三)主体

主体是一篇新闻的正文，它在导语之后，用典型的、充足的、有说服力的材料对新闻的内容进行阐述和说明。它可以按照时间顺序或逻辑顺序来书写。

(四)背景

新闻背景是指新闻事实发生发展的历史条件和环境条件。历史条件指事实自身的历史状况，环境条件指事实与周围事物的联系。新闻背景又称新闻背后的新闻，能对新闻事实起到说明、补充、衬托作用，并且有利于受众了解新闻发生发展的来龙去脉。

(五)结尾

新闻结尾是新闻稿中，表达主要新闻事实之后，为强化主题而增加的收束性文字。与一般文章结尾不同的是：消息的结尾不仅是结构的一种外在形式，而且是新闻事实的延伸和补充。结尾应该简洁有力，可以与导语相呼应，总结前文，阐明意义，启发思考，或提醒读者注意后续消息。

三、新闻稿的基本要求

新闻稿因其作用的特殊性，除了要求具备一般文章的要求外，还有自身的特殊要求。具体说来新闻稿的基本要求有四个字：真、快、短、活。

(一)真，即坚持真实性

新闻真实性的具体要求如下。

（1）构成新闻的基本要素要确凿无误，即新闻事实中的时间、地点、人物、事件、因果等都必须真实、准确。

（2）新闻所反映事实的环境条件、过程、细节和人物语言，甚至动作必须真实。任何有意无意的修饰或渲染素材在新闻写作中要尽量避免。

（3）新闻稿中引用的各种资料，如数字、史料、背景材料等也必须确切无误。

（二）快，即坚持时新性

时新性是时间性与新鲜性的合称。新闻写作不但要讲究时间性，还要给人以新鲜感。新闻稿写作要抢抓“第一时间”，此外还需要坚持内容新和形式新。

（三）短，即坚持简明性

新闻稿的内容要具体，能准确反映所报道的事实；文字应通俗易懂，少用或尽量不用专业术语；词、句、段落应力求简短。

（四）活，即坚持灵活性

要把新闻写活，可以运用蒙太奇手法，把最重要、最精彩的内容放在最前面；运用断裂式行文，多分段，段落简洁，叙事简洁，讲究思想的递进和丰富；多运用图片或图表，丰富新闻形式。

此外，公共关系新闻稿的撰写还应当慎重选择事件，并非所有具有新闻价值的事件都可以成为公共关系新闻。公共关系人员要善于从本组织的各项工作中寻找它的积极意义和新闻价值，然后进行报道。

四、新闻稿的写作技巧

公关人员在掌握新闻稿的基本要求后，还应当掌握一定的写作技巧，以完成高质量的公关新闻稿件，从而实现塑造和提高组织形象的目的。

（一）精心选择新闻素材

在选材时，要善于从不同的角度、层次去挖掘组织的各项工作中具有积极意义和新闻价值的事情，努力抓住新闻话题，并在最佳时机把它报道出去。

就工商企业而言，有可能具有新闻价值的事件如下。

（1）企业新的经营方针与宗旨的制订和提出。

（2）产品生产、销售和技术改造上的创新和成就。

（3）企业服务水平的改善和提升。

（4）企业在产值、销售额、利润、税收等方面的新突破。

(5)企业举办的大型庆典活动。

(6)企业对职工福利的关心和兑现。

(7)企业参加社会公益活动等体现社会关怀的事件。

(二)确定报道的体裁

要根据素材的特点、报道的目的等，确定用什么新闻体裁。公关活动中常用的新闻体裁主要有以下几种。

1. 消息

消息是新闻报道最广泛的形式。它以简洁的文字，准确报道周围发生的公众最为关心的最新事实。

2. 通讯

通讯是运用记叙、描写、抒情、议论等多种手法，具体、生动、形象地反映新闻事件或典型人物的一种新闻报道形式。通讯的类型主要包括人物通讯、事件通讯和工作通讯等。它详细地报道一个新闻事件的来龙去脉，以弥补消息信息量的不足。

3. 特写

特写是截取新闻事实的横断面，即抓住富有典型意义的某个空间和时间，通过一个片段、一个场面、一个镜头，对事件或人物、景物做出形象化的报道的一种有现场感的生动活泼的新闻体裁。它用类似电影中“特写镜头”的手法来反映事实，往往能获得一个特殊的报道效果，使得公众获得具体的形象。

4. 述评

述评是融新闻和评论为一体，兼有新闻报道和新闻评论的功能和作用。它既报道事实，又对新闻事实做出必要的分析和评价，有述有评，评述结合。写作时讲究论题新颖，选材精当；即事明理，注重分析；夹叙夹议，事理交融。

5. 调查报告

调查报告是围绕一个事件或公众关心的某一方面的问题，通过调查材料，全面、系统、准确地反映事件的真相及其发生发展过程。

(三)确定新闻的主题

新闻主题是指新闻报道的中心思想和基本观点，也就是记者对客观事实的看法、态度和通过对事实的报道所表达的主观意图。主题在新闻中起主导作用，贯穿全文。选择新闻主题时要从新闻事件的特性出发，并注意体现当前形势需要或思想和认识。

(四)确定新闻稿的结构

新闻稿的结构有三种常见的形式：倒金字塔结构、并列结构和顺时结构。

1. 倒金字塔结构

倒金字塔结构以事实重要程度或受众关心程度依次递减的次序，把最重要的写在前面，然后将各个事实按其重要性程度依次写下去，一段只写一个事实，全部陈述事实，犹如倒置的金字塔或倒置的三角形，因而得名，多用于事件性新闻。

第一段是导语，导语概括了新闻事实的要点或者交代了最核心、最重要的新闻要素，消息的主体部分从第二段开始，每个段落按照重要程度递减的顺序提供次要的新闻事实或者对导语中的新闻事实进行详细说明。在倒金字塔结构中，消息的每个段落都包含新闻信息，且都具有新闻价值，但每个后面段落的重要程度都要低于前面的段落。

2. 并列结构

在报道的内容中有若干事件且几乎具有同等重要性时，可用这种结构，即先写一段概况性导语，然后将各新闻事件并列。并列的内容可以是时间，也可以是地点、人物、事件或其他。使用并列结构，可以让消息显得更加新颖，在整版的倒金字塔结构的报道中脱颖而出。

3. 顺时结构

这种结构的新闻稿是按时间顺序来写的，先发生的事实先写，后发生的事实后写。其导语可以是概括性的，也可以是新闻稿所涉及的最早发生的事件。

（五）拟好标题

俗话说，眼睛是心灵的窗户，而对一篇文章而言，标题就是眼睛。标题能不能“抓人”“吸睛”，直接影响到读者愿不愿意点进去、读下去。一般来说，好的标题应该做到准确、鲜明、简洁、生动。准确，就是能确切地反映新闻稿件的中心思想和主要事实；鲜明，就是要观点明确；简洁，就是高度概括，用词精练；生动，就是要新颖、形象，富有新意。

（六）写好导语

新闻导语在一篇新闻作品中发挥着“片言居要”的作用，导语生成的优劣好坏，直接决定着整篇作品的成败高下。我国著名新闻学者范长江说：“新闻写作对导语的要求很高，要写得有魅力，令老百姓看了非读不可。”可见导语是新闻稿的灵魂、精华之所在，因此写好了导语，新闻稿的成功就有了较大的把握。新闻导语主要有以下几种。

1. 直述式导语

这是最常见的一种导语——直接式导语，开门见山、直述不曲地将最重要的新闻事实透露给读者。这种导语在倒金字塔新闻写作中运用得最多，作者通过对新闻中最新鲜、最重要的事实进行一个全息的概况与揭示，让读者一读便知、豁然开朗。

2. 悬念式导语

指在报道中制造某种紧张气氛吸引读者，使其急于知道事情的进展情况。悬念由两个部分组成，“设悬”(提出问题)和“解悬”(回答问题)。在悬念式导语中，只设悬、不解悬，将解悬放在新闻正文部分来完成。

3. 设问式导语

就是故意在导语中提出有关问题，再接着简要回答，以引起读者的思考和注意。设问式导语既设悬又解悬，自问自答、和盘托出。它能迅速地激发起读者的阅读兴趣，又能在第一时间满足读者的信息需求，一问一答之间，使读者对新闻事实有更为深刻的印象。

4. 引用式导语

引用式导语，即引用新闻人物精彩而生动的语言来揭示新闻主题的导语。引用分为直接引用和间接引用两种：直接引用，对人物的语言不做任何加工、原样照搬进来，在写作中常用引号括起来；间接引用，作者对某人的话进行转述，可以只保留表现新闻主题的最有用的那部分内容，无需加引号。

5. 对比式导语

通过对比、衬托的方式突出事物的个性特征，从而使新闻主题更加突出、更加鲜明，给读者留下深刻印象。

(七)用好新闻背景材料

新闻背景是新闻报道的有机组成部分，是补充、反衬或烘托新闻事实和新闻主题的重要材料，对新闻报道起着不可或缺的作用。新闻背景有助于说明新闻事件的起因，帮助读者理解新闻事件的重要性，增强新闻报道的知识性和趣味性等。运用新闻背景材料时应当紧扣主题，不要脱离题意；简明扼要，不可喧宾夺主；联系自然，防止生硬脱节等。

新闻背景主要类型有历史背景、地理背景、知识背景、人物背景和事件背景。

1. 历史背景

每个新闻事件都有其历史发展过程，人们也只有在一定的历史背景下才能充分认识一事件的意义，才能体会到其中的新闻价值。如在过去的三年，作为新闻主体的公司与另一与之合作的公司曾有过3次成功的合作项目。

2. 地理背景

这类背景是对报道中地点、地区、地形、地貌等情况的介绍，便于受众知道所报道事实的地理环境，又可增强新闻价值。

3. 知识背景

这里指对消息中涉及专业性较强的知识进行必要的介绍。

4. 人物背景

当新闻事实与人物密切相关时，就要提供相关人物材料。对受众有所了解的新闻人物，背景要简明扼要地点明人物的特色；对受众不熟悉的人物，要介绍人物的概况。

5. 事件背景

这类背景可以说明新闻事件的起因，尤其是有的事件是由于传言、误解或歪曲而造成的，只有在消息中交代有关事件的背景，才能说清事件发生的起因。

第二节
广告宣传资料

学习目标

1. 了解公共关系广告及其与商业广告的区别。
2. 明确公共关系广告的类型。
3. 掌握公共关系广告的写作要求和写作技巧。

一、公共关系广告

(一)公共关系广告的含义

公共关系广告又称社会组织性广告或声誉广告，是一种以增进公众对组织的了解，提高组织的知名度和美誉度，使组织活动得到公众信任与合作为目的的广告。

(二)公共关系广告与商业广告的区别

1. 广告目的不同

商业广告直接宣传产品名称或性能，其目的就是诱发消费者的购买动机，促进产品或服务的销售，即“让别人买我”。

公关广告通过广告的形式，来塑造良好的组织形象，提高组织的知名度、美誉度和信任感，从而赢得公众对组织的喜爱和支持，即“让别人喜欢我”。

对于这两者的区别，人们形象地说：商业广告是要公众买我，公关广告是要公众爱我。

2. 宣传模式不同

商业广告是让公众先认识产品，然后再认识企业组织，宣传模式即公众—产品—组织。

公共关系广告是让公众先认识组织再认识产品，宣传模式即公众—组织—产品。

3. 广告主体不同

商业广告的主体是工商企业，而公关广告的主体则可以是政府部门、非营利组织等各种类型的组织。例如，中央电视台新闻频道的"珍惜粮食 反对浪费"的公益广告，视频结尾配以广告语"你的挥霍正是别人的饥饿"。

4. 传播方式不同

广告为了引人注目，可以采用各种传播方式，包括新闻的、文学的及艺术的传播方式，也可以采用虚构的乃至神话的夸张手法，以激起人们的购买欲。

公关广告主要利用一些靠事实说话的传播方式，如新闻稿、新闻发布会、报纸、杂志、赞助活动、庆典活动等。公关广告讲求的是真实性、客观性，应避免运用哗众取宠、耸人听闻的虚构的表现手法。

5. 传播内容不同

商业广告以宣传商品的名称、商标、质量、功能来介绍商品和服务；而公关广告在宣传内容上就比较注重长期性和系统性，通过宣传组织的发展目标、经验方针和政策、职工的素质和水平、先进技术在组织内的渗透推广度等方面的内容来间接地介绍组织的产品。

6. 情感色彩不同

商业广告以促销为目的，注重引导消费者的购买行为，商业色彩浓厚；公关广告以塑造形象为目的，注重与消费者的情感交流，商业色彩少，具有较强的人情味。

(三)公共关系广告的类型

1. 观念广告

观念广告是通过提倡或灌输某种观念和意见，试图引导或转变公众的看法，影响公众的态度和行为的一种广告。观念广告可以是宣传组织的宗旨、信念、文化或者某项政策，也可以是传播社会潮流的某个倾向或热点。如美国西屋电气公司曾在《时代周刊》上刊登岁末广告，把本年度有关公司的各种新闻和报道汇集在一起，并冠以总标题《一年来本公司的一切好消息》。

2. 公司(企业)广告

企业广告是以提高企业的知名度和树立企业良好形象为主要目标的广告形式。

3. 公益广告

公益广告是就某些行为、观念、道德或哲理向社会公众进行告知、提示、劝导和警示的社会性广告。其主要内容涉及社会的方方面面，诸如社会公德、文明礼貌、风俗习惯、生态环境保护、交通安全、禁赌戒烟、防火防盗等。

公益广告对于社会来说，作用在于提高整个社会公民的素质，以促进社会的文明进步和健康发展；对于社会组织来说，诸如“为了你和家人的健康，请不要吸烟”“留点时间给父母”等暖心公益广告缩小了公众与组织之间的心理距离，体现了组织对公众的关心，促使公众对组织产生某种认同感，从而改善和强化公众对组织的印象，是社会组织树立形象、赢得公众信任和支持的一种有效手段和策略。

4. 响应广告

组织对政府的某项政策措施或者当前社会生活中的某个重大主题表示响应和支持的广告。如新冠病毒感染疫情期间，各级政府和企业单位积极响应国家的政策措施，并出台相应的响应广告，配合政府的工作，做好疫情防范工作。

另一种常见的响应广告是祝贺性的广告。如某公司新开业或举行庆典时，以同行的身份刊登广告或赞助署名祝贺，表示愿意携手合作，共同繁荣。

5. 致歉广告

致歉广告，顾名思义，是表示歉意的广告。常见的致歉广告有两种。

(1)向公众赔礼道歉的致歉广告。刊登这类广告，往往是由于刊登者本身出现了差错，并殃及某些公众利益。

(2)向公众排除误解的致歉广告。这类广告是以致歉的形式，向公众更正事实，排除误解。如消费者手持劣质产品上门责难，经检查责任又不在生产厂家或发现是仿制品，这时应该怎么办呢？登报“严正声明”未尝不可，但从公关角度看，用硬碰硬的“声明广告”不如改用语气谦和的致歉广告。

6. 征集广告

通过征集方式吸引公众的注意，增强其对组织的兴趣。如征集组织名称、标徽、答案、意见、稿件等。2018 年《诗刊》为进一步扩大社会影响力和品牌美誉度，向广大网友征集《诗刊》广告语，并针对优秀广告语进行奖励，由此大大提高了该杂志的影响力。

(四)公共关系广告的写作技巧

公共关系广告文案是公共关系广告的核心部分，这里主要谈谈公共关系广告文案的写作技巧。公共关系广告文案主要是由广告标语、标题、正文和附文组成。

1. 确定主题

主题是指一则公关广告中要说明的重点问题与所期望达到的主要目标。公关广告的总目标是树立良好的组织形象。但由于不同社会组织的具体情况不同，所制作的公关广告的主题重点也就不同。一般来说，公关广告的主题可从以下几个方面来确定。

(1)组织声誉主题。通过广泛宣传组织的历史、规模、产品、政策方针、企业文化、精神理念、分配制度等，来树立组织的良好声誉。

(2)社会服务主题。通过向公众说明本组织对社会所做的重大贡献，包括对社区、对本行业、对国家所做的贡献以及提倡某种有意义的新观念、新风尚、新行为，引起公众对组织的注意和赞誉。

(3)特殊活动主题。通过宣传和报道公关专题活动，如庆典、展览等，引起公众对组织的兴趣和好感。

(4)职工关系主题。通过宣传组织内部公关工作的新情况、新动向，促进与内部员工的积极沟通。

2. 制作标题

标题就是公共关系广告的题目，是公共关系广告文案内容的高度浓缩和概况。一则广告，标题的好坏，直接关系着广告的成功与否。标题的拟写，主要有以下几种形式。

(1)直述式。即直接向公众陈述社会组织的行为以及给观众带来的益处，观众不用看正文也可以明白其主旨。

(2)间接式。这种标题比较含蓄、委婉，只有看了广告正文之后才会明白标题的含义。

(3)问答式。这类标题使用非常广泛，是通过提问和回答的方式来吸引受众注意力的标题表现形式。

3. 写好正文

正文是广告的中心部分，也是表现主题的主要部分。由于公关广告内容广泛，目的有别，难以归纳统一的模式。但通常的要求是：重点突出、简洁明了、具体亲切、真实自然。

常见的广告正文的表现形式有两种。

(1)简介体。简明扼要地介绍企业的情况，商品的特点，服务的风格等。这种表现形式的特点在于客观、冷静、有条不紊，主要运用于文字较多的媒介上。

(2)新闻体。所谓新闻体广告文案，大体可分为三种。

第一种，把文案排列得像新闻稿。新闻和广告有严格的界限，无论你把广告在形式上弄得怎么“像”新闻，但你仍然要标明是广告。

第二种，把广告与相关新闻事件、话题联系在一起，让人们产生有趣的联想，这是一种很高明而又合法的手段。

第三种，软文。软文就是用新闻稿的形式写广告正文。这是典型的挂新闻“羊头”、卖广告“狗肉”的形式。

4．拟订标语

标题与标语在广告的写作中都讲究引人注目，但二者不完全一样。

(1)标题的作用是引导公众注意广告和阅读广告正文；标语的作用是使消费者建立一种观念，用以指引选购行为。

(2)广告标题可以随广告设计的变化而变化；广告标语一经选定，可以长期不变，并且运用在各个场合。因此，在拟定标语时应该要简短好记、新颖独到，要措辞得当、精心推敲。

5．写清随文

随文也叫附文，是公关广告对组织名称、地址、法定代表人、邮编、电话、传真等内容的说明，起到联络公众和购买指南的作用。但并非所有广告都需要附上随文。

二、宣传资料

公共关系宣传资料是公关部门或公关人员为组织撰写的旨在介绍本组织的有关情况、扩大本组织的影响和塑造组织良好社会形象的宣传性文字材料。宣传资料的形式是多样的，可以是小册子、示意图或宣传单页等。社会组织借助宣传资料把自身的形象推向社会，而公众则通过宣传资料来了解组织的基本情况。因而，宣传资料可以看作组织的“名片”。

一份标准的公共关系宣传资料大多包括以下几个内容。

(一)组织领导人的致辞

组织领导人的致辞往往被安排在宣传资料的首页，这样既可以增加宣传的权威性，又可以使人产生一种亲切感。组织领导人的致辞内容应简明扼要，言语应真诚恳切，切忌空话套话。

(二)组织的概况和历史

组织就如同一个人，必然地有其生长、发展、壮大的过程，宣传资料应将组织的发展做概括式回顾，并对它的现状做出清晰描述，使读过宣传资料的公众对组织的发展历程有个提纲挈领的认识。为了使人们更确切地了解组织自身在同行中地地位，如适当增加一些与同行业组织的比较对照文字或图表，则更令人信服，效果也要比单纯的自我宣传好。

(三)特色产品或特色服务

每一个组织在市场上一般都具有竞争力的产品或者引以为傲的特色服务。为实现差异化竞争或给受众留下深刻印象，那么宣传单页上一定要加以重点说明。在对组织的特色产品或特色服务进行介绍时，或许涉及专业内容，而组织宣传资料的读者大多是非专业人员，因此有关自己专业特色的推介性文字一定要考虑到一般读者的理解水平。

(四)实用性信息

宣传性资料除了推介组织外，还应该服务公众，为此，宣传资料还应该包括各种联系方式、内部机构分工图、联系人姓名、电话号码等使公众能按图索骥的材料。

(五)图片选登

宣传资料的制作也应讲究美学效应。宣传资料文字篇幅占据了较多部分，但若配以适当的照片和图片，做到图文并茂、相得益彰，这样的宣传资料更有吸引力。

第三节 内部刊物

学习目标

1. 了解内部刊物的主要类型。
2. 明确内部刊物的主要内容。
3. 掌握内部刊物的写作技巧。

内部刊物是社会组织自己创办并主要向组织内部成员发行的出版物，是社会组织内部报纸、期刊及其他出版物的统称。作为组织公共关系工作中常用的一种重要的信息传播工具，内部刊物具有沟通信息、统一思想、塑造形象、传播知识等诸多作用。

一、内部刊物的类型

内部刊物的类别多种多样，按不同的分类方法，可以划分出不同种类。

(一)按内部刊物的形式划分

(1)杂志。一般为 16 开，半月、一月或一季一期，定期出版，内容多是特写文章。

(2)报纸。一般为小报，定期或不定期发行，主要登载企业各种新闻、特写文章等。

(3)企业通讯。该形式制作简单，出版周期不定，登载的内容多是小消息、小文章。

(4)宣传栏或黑板报。这一形式一般都贴在或挂在企业最明显的地方或公共场合，既可对内也可对外。

(二)按内部刊物的读者对象分

内部刊物按发行对象不同可以分为员工刊物、管理人员刊物、股东刊物、专业人员刊物、供应商刊物、经销商刊物等。例如，《中国环境报》主办的内部刊物《中国环境报·通讯》是该报社面向内部，沟通上下的重要平台，属于员工刊物；而上海铁路局的内部刊物《上铁论坛》主要面向企业管理者内部，属于管理人员刊物。

二、内部刊物的内容

企业内部刊物是企业推行其经营理念，培养企业文化的重要载体，同时也是企业和员工之间的沟通媒体。内部刊物的内容主要有以下几个方面。

(一)关于企业状况的介绍

企业是职工的立身之地，出于对自身利益和前途的关心，职工们都希望充分了解本组织的各方面情况；而对组织来说，也需要加强职工的归属感，让职工了解企业的情况，关心企业。企业状况包括：企业的创立和发展史；企业的方针、政策、经营目标、经营计划；企业的财务状况；企业的管理状况、存在的问题以及企业现阶段的处境等；企业所取得的重大成就；企业今后的发展计划和方向等。

(二)关于职工工作方面的情况

让职工了解自己的工作现状和发展情况，有助于提高他们的工作积极性，增强职工的工作荣誉感，满足他们自我实现的需要。职工工作包括：职工的工作变动情况，职工的工作业绩，职工间工作经验的交流等。

(三)关于业余生活方面的情况

企业除了关注职工的工作之外，还应该关心职工的业余生活。这时企业内部刊物的作用得以凸显，刊物可以登载一些文化知识、经济知识、管理知识等的专题讲座信息，或者有意识地介绍一些新学科、新方法，以激发职工的学习积极性，开阔他们的思路。

（四）其他方面的内容

除上述内容外，还应刊登重大节日来临时领导对职工的慰问信；选登有意义、有价值的职工来信；还要适当报道本行业的动态；适当讨论当前国家的方针、政策和社会问题等。

三、创办内部刊物的技巧

（一）编辑方针要明确

编辑方针是实现新闻、出版机构意图的工作原则，又称编辑纲领。企业内部刊物的编辑方针是决定企业内部刊物特性和风格的准则，是企业立场、观点、方法的体现。它对组织报道、制作稿件、选择稿件、文字格调、版式处理方法等具有决定性影响。因此，在创办内部刊物时，首先要明确内部刊物的编辑方针，让编辑方针引领刊物的发展。

（二）栏目设置要精当

读者总是先浏览刊物的栏目，以便用最少的时间获取自己认为最重要的信息。所以，在栏目设置上必须精当，尽可能使之抢眼、抓人，以增强刊物的导读力和吸引力。首先要突出重点栏目。对组织重要工作的推进、贯穿全年的重大活动或组织未来的发展计划和方向等，应设立重点栏目，并放置在突出位置，以较大版面进行重点报道。其次，要办好专题栏目。对一些领导长期关注、基层员工一直在积极探索和密切关心的话题，应设立专题栏目，予以“重点关照”。最后，开设特色栏目。栏目设置要避免一般化，应尝试探索组织自身的特色栏目，做到“人无我有”。

（三）刊物内容要全面

在内部刊物编辑方针的指导下，刊物的内容应该尽可能全面。在报道视角上，既要聚焦企业的主营业务，又要统筹考虑分支和延展业务；稿件题材上，要做到工作部署、经验交流、工作探索、调查研究、心得体会、专业知识等各种类别均有分布；阅读取向上，应当兼顾不同部门，以满足不同群体的阅读需求。

(四)组稿方式要灵活

组稿方式对稿件质量有着重要影响，对于每期刊物的主题和内容等要提前策划，刊物编辑还要主动上门约稿，而不能苦苦坐等。编辑人员要主动走出机关，深入一线，多与基层干部职工零距离接触，多多交流，发现报道线索，挖掘组织稿源。

第四节
日常公文

掌握告知类、庆贺类、迎送类、邀聘类和慰谢类日常公文的基本内容和一般格式。

日常公文一般分为告知类、庆贺类、迎送类、邀请类和慰谢类五种。

一、告知类

(一)简报

简报是各种组织在公关活动中，用以反映情况、交流经验的一种简明扼要、及时迅速又带有报道性的汇报文件。简报的含义较为广泛，它近似新闻报道，但又不同于新闻报道。它是一种内部刊物，只限于组织内部传播，一般是定期出版。其内容不局限于组织内部，还登载与本组织活动有关的，来源于其他方面的文稿、摘录和改编的材料。组织的领导层和各职能部门通过公关简报这个窗口，可了解形势，交流信息。

1. 简报的种类

就内容而言，大致可分为综合简报、专题简报、会议简报三类。

(1)综合简报主要是反映日常业务中各方面的工作情况，它是一种长期编发的定期或不定期的简报。

(2)专题简报是围绕某一中心工作编发的。

(3)会议简报是反映某次会议进程中的各种重要情况，如大会报告、重要讲话、重要发言、分组讨论情况，以及会前准备、会后反映、会内外花絮等内容。后两类简报是一种阶段性的简报，一般来讲，专题工作告一段落或会议结束，简报也就停办了，其时效性非常强。

2. 简报的一般格式

简报的书写格式一般包括报头、正文、报尾三个部分。

(1)报头在第一页的上方，写有简报的名称、期数序号、编制者、编写时间。综合简报内容较多，所以在报头下，还应有所载各篇文章的目录。

(2)正文按各篇文章的重要性排次序。报头与正文之间用一横线隔开。

(3)报尾在简报最后一页下方，用两条间距适度的平行线画出范围，写有报、送范围，可以是单位名称，也可以是领导者个人的职务、姓名。另外，还应在最后一条线的右下端注明"共印××份"。

3. 编写简报的要求

(1)精，指选材要精。要选择那些与上级的方针政策密切相关或涉及部门工作的，最能说明问题和表达观点的重要情况或典型经验上简报。有些情况虽然暂时看并不重要，但它带有某种倾向性的苗头或经验的雏形，发展下去有可能成为重大问题或重要经验，这些也应该通过简报加以反映。

(2)准，指材料要准。简报主要是供领导掌握情况，并作为领导决策和指挥的依据之一，所以材料一定要准确、真实可靠。公关人员要尽量亲自下去调查，从时间、地点、参加人员到事情发生的来龙去脉、前因后果，特别是所引用的重要数据、关键性的文字、对话，都要准确核实。另外，反映的情况一定要实事求是，切忌弄虚作假，只报喜不报忧。这样，简报反映的情况才具有价值。

(3)快。快是简报的一大特点。简报是服务于现实的，它能否发挥作用或发挥作用的大小、快慢是一个重要因素。因此，公关人员要眼明手快，善于发现问题，在问题或情况处于萌发状态时，就能及时反映在简报上，以利于领导采取相应的对策和措施。

(4)新，指内容要新。应解释反映新情况、新问题、新经验、新趋势，能给人以启发和借鉴。一般说，领导希望从简报上能看到与组织有关的新动态，发现新问题，总结带有普遍意义的新经验，并据此做出新的决策和指示，以开拓新的工作领域，推动工作向纵深发展。

(5)简，指文字简洁、精炼。简报就是要简明扼要，简报是"千字文"，一般在千字上下，最多不超过两千字。要体现这一特点，写法上要开门见山，直截了当，实实在在，不说套话和空话。

案例

××公司公关简报

（第×期）

××公司公关部　　　　　　　　　　　　　　　　　　　　××××年×月×日

目　录

一、

二、

三、

（标题）××××

（正文）××××××××××××××××××……

报：×××、×××

送：×××、×××

（共印××份）

（二）启事

启事是某团体、企事业单位或个人向社会公众陈述事宜、告知音讯、请求协助时所使用的告知性文书。启事是一种类似于广告的应用文体，其传播方式同广告一样具有公告性，可张贴在公共场所，也可登在报纸杂志上，或者通过电台、电视台播出。启事的表述主要是陈述性和直接性，只要求内容周到完整，语言具体明确，简明扼要。

1. 启事的种类

（1）寻找类启事。

这类启事是为了求得公众的响应和协助，如寻人启事、寻物启事、招领启事等。

（2）征招类启事。

这类启事是为了求得公众的配合与协助，如招生、招考、招聘启事；征文、征订、征集设计启事等。

（3）周知类启事。

这类启事是为了开展工作和业务，把某些事项公之于众，以便让公众知晓，如开业启事、迁址启事、变更启事等。

（4）声明类启事。

这类启事是为了完成法律程序，启事事项经声明公开、登报后，对其引起的事端不再承担法律责任，如遗失启事、更正启事和其他声明启事等。

2. 启事的一般格式

启事一般由标题、正文、结语和落款四个部分组成。

(1)标题的写法有四种：其一，事项＋文种，如《庆典启事》《寻人启事》等；其二，名称＋事项＋文种，如《××中学建校 60 周年校庆启事》《××集团公司更名启事》等；其三，如果内容重要或紧急，可在文种前加上相关说明，如《重要启事》《××股份有限公司紧急启事》等；其四，只写“启事”二字。

要明确，通常要以醒目的标题反映启事的主要目的与内容，如招聘启事、开业启事等。

(2)正文，主要说明启事的事项，是启事的核心部分。不同类型的启事有不同的结构。一般包括两个部分。一是说明启事的目的、意义或缘由；二是启事的事项。正文应具体说明提请公众了解、关注、支持或参与的事项，操作方式，以及起止时间、地点、条件、要求等。

(3)结语要准确地交代联系地址、联系人姓名、电话号码、邮政编码等。

(4)落款应分两行署名启事者的姓名、单位名称和启事的日期。

案例

针对外界关注的江苏如东“援鄂女护士”于鑫慧的护士身份疑似造假、被指婚内“征婚”等所谓“人设崩塌”问题，其所在单位——如东县洋口镇中心卫生院于 10 月 17 日晚间给予官方回应。

关于我院职工于鑫慧有关情况的说明

于鑫慧现系我院劳务派遣职工，从事内勤工作。2020 年 2 月，在疫情形势不明朗、存在巨大风险的情况下，她积极响应武汉市武昌区退役军人事务局的征召，克服困难前往武汉，先后在两个隔离点参与非医疗志愿服务五十多天。她的这一行为体现了一位公民的社会责任感，体现了新时代青年勇于承担社会义务的热情。

对于她个人的债务纠纷，经向相关部门了解求证，其被列入失信被执行人的债务纠纷案件，债权人已于 2020 年 3 月 2 日确认其偿债义务已履行完毕，目前无其他在诉、在执行的债务纠纷案件。婚恋属于个人事务，相信她会依法妥善处理。

我们认为，她在国家重大突发公共卫生事件中，勇当“逆行者”，甘当志愿者，值得肯定和赞扬。我们呼吁，对成长中的青年人给予更多的宽容和爱护，帮助他们扬长补短，更好服务社会。

感谢社会各界的关心！

如东县洋口镇中心卫生院
2020 年 10 月 17 日

案例分析：针对于鑫慧“人设崩塌”问题，所在单位给予的官方回应篇幅短小却不失水准，让人禁不住点赞。从公文写作角度分析，这篇文章具有以下几个特点值得学习。

一是有担当。洋口镇中心卫生院直面负面舆论，第一时间发布回复，主动认领“舆情”，没有回避矛盾，承认是单位劳务派遣职工，从事内勤工作，体现了单位领导的担当。

二是有公正。《说明》一分为二，辨清功过是非，既没有因为“过”而否定于鑫慧参与非医疗志愿服务五十多天，勇当“逆行者”，甘当志愿者的“功”，也没有因为“功”而掩饰其所犯的“过”。

三是有真情。针对于鑫慧的过错，医院没有将其一棒子打死，而是呼吁“对成长中的青年人给予更多的宽容和爱护”，体现了人情味。

四是有细节。对网上关注的被执行人问题，医院回复：对于她个人的债务纠纷，经向相关部门了解求证，其被列入失信执行人的债务纠纷案件，债权人已于 2020 年 3 月 2 日确认其偿债义务已履行完毕，目前无其他在诉、在执行的债务纠纷案件。

五是有期盼。人无完人，金无足赤。既期盼于鑫慧在婚恋个人事务上依法妥善处理，又期盼广大网友帮助她扬长补短，更好服务社会。

(三)公告

公告，一般是指政府、团体或企事业单位对重大事件当众正式公布或者公开宣告、宣布。国务院 2012 年 4 月 16 日发布、2012 年 7 月 1 日起施行的《党政机关公文处理工作条例》，对公告的使用表述为：“适用于向国内外宣布重要事项或者法定事项。”区别于行政公文的“公告”，企业公告是企业向社会公开地告知其重要事项的一种文书。

1. 公告的结构

公告的结构一般包括标题、正文、落款三个部分。

(1)标题，主要有三种形式：其一，发文机关/团体/企事业单位＋事项＋文种，如《×××关于×××的公告》。其二，发文机关/团体/企事业单位＋文种，省去发文事项，如《×××公告》。其三，只写“公告”二字，省去发文机关和发文事项。

(2)正文，包括公告依据、公告事项、公告结语三项内容。公告事项是公告的核心部分。公告的内容不同，写法也不同，有时用贯通式，有时分条列出。公告结语一般用“特此公告”的格式化用语，也可不用，事完文止。

(3)落款，包括公告机关名称和日期两项。如果标题中已写明公告机关名称，则可以省略公告机关名称。

2. 公告和启事的区别

公告和启事都具有公开的告知性，即通过发布事项可以让大众普遍知晓，但两者是两种不同性质的应用文书，各有自己的应用领域。在实践中许多企事业单位出现公告和启事使用混乱的现象，因而各组织应当明确公告和启事的区别，正确选择合适的应用文体。

(1)发布内容的重要程度不同。

公告面向的是国内外，因而发布的内容都是重大的事项或法定事项，如《中华人民共和国海关关于简化进出境旅客通关手续的公告》。而启事发布的内容一般为普通事项。启事可以发布征招信息，如招生启事、招领启事、征稿启事等；可以发布寻求帮助的信息，如寻物启事等；可以对外公布某事等。

(2)发布范围上的差异。

公告总是在报刊、电视等媒体上发布，其发布范围是国内外，范围广泛。而启事除了可以通过报刊、电视发布外，还经常张贴在公共场所。因此，启事的发布范围可以是某一地区，也可以是全国。

综上所述，公告具有告知性，可以面向国内外发布事项，但是发布的事项必须是重要的或法定的。而启事则是面向某一区域或全国发布普通事项，一般是单位、个人均可发布启事。

 **案例**

国家跨省异地就医结算系统

暂停服务的公告

按照国家医疗保障信息化建设总体安排，国家跨省异地就医结算系统将于2020年4月30日(星期四)18:00至5月6日(星期三)8:00开展系统迁移工作，其间暂停提供相关服务，暂停跨省异地就医直接结算业务。暂停服务期间跨省异地就医联网入院业务可在系统恢复服务后办理，联网结算业务可选择延期办理或自费出院后到参保地经办机构办理报销业务。

请广大参保人员和跨省异地就医直接结算定点医疗机构合理安排跨省异地就医相关联网业务办理时间，由此带来的不便，敬请谅解。

特此公告。

国家医疗保障局办公室

2020年4月26日

二、庆贺类

（一）祝词

祝词亦称“祝词”“致辞”，是一种在喜庆场合用以对人对事业表示祝贺的文体。它常用于重大节日、重要会议、宴请招待等群体性场合，常表示良好的祝愿，其对象一般具有广泛性。

1. 祝词的种类

祝词根据祝颂对象、场合的不同，大体上可分为事业祝词、寿诞祝词和祝酒词三类。

(1)事业祝词是较常用的一种祝词，多见于祝贺会议开幕、剪彩、工程竣工、新的一年开始以及某社团、机构、报刊创办纪念日等。如“新年祝词”“在×××会议上的祝词”等。

(2)寿诞祝词的对象主要是老年人，如“×××八十诞辰祝寿词”等。

(3)祝酒词是在酒席宴会的开始，主人表示热烈欢迎，亲切问候，诚挚感谢，客人进行答谢并表示衷心的祝愿的应酬之辞。是招待宾客的一种礼仪形式。祝酒词其内容以叙述友谊为主，一般篇幅短小、文辞庄重、热情、得体、大方，是很流行的一种演讲文体。

2. 祝词的一般格式

祝词作为一种生活中常用的社交礼仪性演讲词，内容多牵涉传统文化、传统风俗、礼节等因素，原则上要注意文雅、得体。祝词的格式主要由标题、正文与署名、祝贺日期几部分组成。

(1)标题。用“祝词”“贺词”“祝酒词”标明，也可标明祝贺对象或活动名称，公开发表时还可标明祝贺者姓名，如“在国庆执行会上的祝词”“致《×××》读者的新年祝词”等。

(2)正文。一般由抬头(称谓)、开头、主体、尾语几部分组成。称谓可以是中性的，如“同志们、朋友们”，也可以加上表示亲密或敬意的修饰语，如“亲爱的×××”“尊敬的×××”。开头直接写明祝贺之意，常用“致以节日的祝贺”“表示热烈的祝贺”等语句。主体部分一般表明祝贺因由、祝贺内容、祝贺意义等方面。尾语写希望或祈福求吉之类习惯性祝愿语，如“祝万事如意”等。

(3)署名与日期。落款上要署上祝贺者的姓名与日期。

《法制日报》新年献词：续写法治中国新华章

时光荏苒，岁月如歌。当2020年第一缕阳光洒向大地之时，我们送出这份最深情的祝福：祝福伟大的祖国繁荣昌盛、国泰民安！祝福砥砺前行的法治中国续写新的华章！

回首刚刚过去的一年，有一种推动国家进步的力量叫法治力量；有一种激励民族前进的精神叫法治精神。法治，让2019年如此精彩，又如此不平凡。

这一年，十三届全国人大二次会议审议通过了举世瞩目的《外商投资法》，这部凝聚了40年改革开放重要成果的法律，如同一纸宣言书，向世界庄严宣告，中国对外开放的大门不会关闭，只会越开越大。

这一年，为期三年的扫黑除恶专项斗争进入了攻坚期，“打伞破网”“打财断血”推动着扫黑除恶向纵深发展。孙小果案、操场埋尸案等一批重大案件的查处和判决，回应了社会关切，向人民群众交上了一份满意的答卷，进一步显示了中央扫黑除恶的坚强决心和坚定意志。

这一年，新中国迎来了70年大庆。新中国成立以来的第九次特赦，是依法治国和以德治国相结合的一次生动实践，彰显了中国特色社会主义法治理念和价值追求。

这一年，改革步伐蹄疾步稳，无论是政府“放管服”改革，还是推进政法领域全面深化改革；无论是深化金融市场改革，还是综合执法改革，“凡属重大改革都要于法有据”的法治精神都贯穿其中，法治已成为改革的强大助力。

这一年，“中国之治”成为年度热词。而“中国之治”的前提和共识是法治，法治是国家治理体系和治理能力现代化的必由之路。

这一年，依法优化营商环境扎实推进。从坚持法治化原则，到市场主体要遵守法律法规；从保障各种所有制经济平等受法律保护，到无法律依据不得增设办理环节，充分体现了对私权利法无禁止即可为，对公权力法无授权不可为的法治原则，有力地证明了“法治是最好的营商环境”。

这一年，人工智能已强势进入人们的生活，从地铁、公园到学校、课堂，从网络游戏到网络支付，无处不在的新科技、新技术不可避免地要接受法治的考量。

改革开放40多年的经验告诉我们，做好改革发展稳定各项工作离不开法治，改革开放越深入越要强调法治。2019年我们走过的每一步，做过的每一项工作，都和全面依法治国的伟大实践同频共振，都是法治中国弥足珍贵的历史记忆。

凡属过往，皆为序章；未来已来，一往无前。2020年是全面建成小康社会收官之年。改革开放大潮从历史深处奔涌而来，向着中华民族伟大复兴澎湃进发。让我们更加紧密地团结在以习近平同志为核心的党中央周围，励精图治，大步向前，满怀信心地走进充满希望的2020年！

（来源：《法制日报》2020年1月1日）

（二）贺信

贺信是社会组织向其他组织与公众表示祝贺的一种专用书信。它是由古代的“贺表”演变来的。现代贺信种类繁多，重要会议、重大工程、重大任务、重大成就，以及节日祝贺、人物寿辰，都可以用贺信的形式进行祝贺。

贺信和祝词一样，都具有祝贺性，是逢喜庆之时交流感情、密切关系的重要文字形式。但它们也有不同。祝词更多地适用于集聚场合，祝贺对象也更加广泛；贺信则既用于群体之间的交往或个人对群体的祝贺，亦有很多用于个人对个人的祝贺。贺信必须形成书面文字，祝词则不一定。有些祝词事先拟就，临场宣读；有些祝词则是即席发挥，不一定先有文字稿，如一些机关、单位的领导人在某些聚会上的即兴祝词就是如此，而贺信则都以书信形式发出或直接送达。

 案例

祝贺“吉林一号”高分03系列卫星发射成功

9月15日，我国在黄海海域用长征十一号运载火箭成功将9颗“吉林一号”高分03系列卫星发射升空，卫星顺利进入预定轨道，发射任务取得圆满成功。省委、省政府发贺信祝贺，贺信全文如下。

长光卫星技术有限公司：

欣悉“吉林一号”高分03系列卫星成功发射，谨向你公司致以热烈的祝贺，并向参与研制卫星和发射的全体科研和工作人员表示亲切的慰问！

此次任务是我国首次在海上以“一箭九星”的方式发射卫星，创造了我国航天发射的新纪录。“吉林一号”高分03系列卫星的成功发射，标志着“吉林一号”卫星制造模式由“研发”转向“生产”，星座建设进入高速组网阶段，充分展示了我省创新驱动的重大科技成果，必将激励全省2700万人民矢志创新、勇立潮头，为实现新时代吉林振兴发展注入新动能。

长光卫星技术有限公司自2015年自主研制的中国第一颗商用高分辨率遥感卫星“吉林一号”成功发射以来，目前已实现卫星星座数量25颗，形成了一条集卫星数据接收、处理、分发和应用服务于一体的卫星数据产业链，推动了我省航天信息产业跨越式发展，为吉林转型升级、振兴发展做出了突出贡献。

习近平总书记视察吉林时强调指出，吉林要在服务党和国家工作全局中体现新担

当，在走出一条质量更高、效益更好、结构更优、优势充分释放的发展新路上实现新突破，在加快推动新时代吉林全面振兴、全方位振兴的征程上展现新作为。“吉林一号”卫星是我国商业航天领域的重要品牌，是吉林体现新担当、实现新突破、展现新作为的一张亮丽名片。省委、省政府将大力实施创新驱动战略和人才强省战略，改善科技创新生态，激发创新创造活力，持续优化创新创业创造环境，全力支持和推动卫星及航天信息产业创新发展。希望你们高举习近平新时代中国特色社会主义思想伟大旗帜，深入学习贯彻习近平总书记视察吉林重要讲话重要指示精神，为国担当、改革创新、积极作为，为全面建成小康社会、开启全面建设社会主义现代化国家新征程做出新的更大的贡献。

中共吉林省委

吉林省人民政府

2020 年 9 月 15 日

三、迎送类

(一)迎送词

迎送是表示欢迎和欢送。迎送词属于礼仪性的讲话稿，其内容广泛且形式多变，是公共关系活动中常用的一种文体，主要作用是密切宾客之间的关系，增进友谊，促进双方的理解与合作，以实现共同发展。欢送词是在迎接宾客或在会议伊始，主人对宾客莅临表示欢迎的致辞；欢送词是在欢送宾客或会议结束时，主人对宾客的离别表示欢送的致辞。

迎送词的格式一般由标题、称谓、正文和结语四部分组成。

1. 标题

一般可以简单地写明“欢迎词”或“欢送词”即可，位置居中。在正式发表的迎送词中，标题亦可由致辞人姓名、迎送会名称加上“讲话”三部分组成。如《×××在欢迎×××的招待会上的讲话》。不论何种标题，致辞人在讲话时都是不念的。

2. 称谓

在标题的下一行顶格书写，称谓要根据宾客的身份与职务以及与会人员的情况而定。正式的外交礼仪，姓名要用全名、尊称，有的还根据主客关系的疏密程度加上“尊敬的”“亲爱的”等修饰语，后边或加头衔，或加“女士”“先生”等。非正式的外交礼仪或国内一般活动，可根据情况使用恰当的称谓。

3. 正文

一般由开头部分和主体部分组成。开头部分一般写热烈欢迎或热烈欢送之类的用语，表达致辞的感情，给宾客一种亲切、热情的感觉。主体部分是迎送词的主要内容，通常是阐述宾客来访的意义与作用，回顾历史、赞美友情，对此次来访、聚会及活动做出肯定的评价，渲染一种友好热烈的氛围；或者是介绍对方的身份、业绩，使其感到主人对他们了解、敬重，进而缩短距离，融洽关系。

4. 结语

结语的祝愿一般以宾客为致达对象，如"让我们为共同事业的发展，干杯!""谢谢大家""祝诸位生活愉快"等。在演说结束后，致辞者一般不念落款署名，只在公开发表时，在题下或落款处署上致辞者名字与日期。

(二)答谢词

答谢词是宾客对主人或主人对宾客表示感谢之情的文体。答谢词的内容包括：对所受到的礼遇、对主人宾客在很多方面的合作表示感谢，对交往活动结果表示满意与赞赏。答谢词有其不同于欢迎词、欢送词的特色，那就是表示一种辞行惜别之情，可以具有更浓的抒情个性。

1. 答谢词的种类

依据不同的致谢缘由和致谢内容，答谢词可划分为"谢遇型"答谢词和"谢恩型"答谢词两个基本类型。

(1)"谢遇型"答谢词。

"遇"，招待，款待。"谢遇型"答谢词，即用来答谢别人的招待的致辞，它常用于宾主之间，既可用于欢迎仪式、会见仪式上，与"欢迎词"相应，也可用于欢迎仪式、告别仪式上，与"欢送词"相应。

(2)"谢恩型"答谢词。

"恩"，受到的好处，即别人的帮助。"谢恩型"答谢词，即用来答谢别人的帮助的致辞。它常用于捐赠仪式或某种送别仪式上。

2. 答谢词的一般格式

(1)标题。在第一行居中的位置上写上"答谢词(辞)"

(2)称谓。另起一行顶格写致辞对方的姓名、头衔，既可以是广泛对象，也可以是具体对象。

(3)正文。首先对主人的盛情表示感谢，并对对方的优越性予以肯定，表达出自己的荣幸与激动。要对对方的情况做较详细的介绍，以示尊重。还应提出希望与之进一步发展关系的强烈意愿。

 案例

答谢词

尊敬的各位领导、亲爱的各位同事：

大家好！

20××年，是我们公司极具挑战的一年，是非凡的一年。这一年里，我们经历了太多太多，作为一个初创型企业，漫漫长路我们走得太艰辛。这其中离不开全体员工的理解与分担，沧海横流方显英雄本色，跨越困难证明我们是一支同心同德、能征善战的优秀队伍，因此在这里我代表公司向所有兄弟姐妹表示衷心的感谢，向我们同甘共苦的经销商朋友表示衷心的感谢，向我们雪中送炭的供货商朋友表示衷心的感谢。无论将来做到多么强大，我们都不会忘记一路相随的兄弟姐妹和我们尊敬的合作伙伴！

展望新的一年，我们依然是豪情满怀，我们相信公司一定会有更美好的未来。

在此，衷心祝愿大家新春愉快、合家幸福，万事如意！

谢谢大家！

×××

××××年××月××日

四、邀聘类

（一）聘书

聘书又称聘任书、聘请书，是用来聘请某人担任某一职务或承担某项工作而制作的一种专门书信文书。大体有两类：一是用来聘请担任某种职务的，如任职聘书；二是用来聘请参加某项活动的，如聘请某人担任某次演讲比赛评委。一般说来，前者聘用时间较长，后者则是短期的或临时的聘请。受聘者一般具有某种专长，或在某方面具有一定声望，或能胜作某种专业工作。

聘书的结构一般由以下几部分组成。

（1）标题。在上方正中写“聘书”或“聘请书”字样，有的聘书也可以不写标题。已印制好的聘书标题常用烫金或大写的“聘书”或“聘请书”字样组成。

（2）称谓。聘请书上被聘者的姓名称呼可以在开头顶格写，然后再加冒号；也可以在正文中写明受聘人的姓名称呼。常见的印制好的聘书则大都在第一行空两格写“兹聘请××”。

（3）正文。正文要交代聘请的缘由、任务、要求、权限、职务、任期等，有的还写

明酬金。这些方面视工作活动内容而有所取舍，不一定每项都要具备。但要被聘者去做什么这一项是基本内容，必须写明。

(4)结尾。聘书的结尾一般写上表示敬意和祝颂的结束用语。如“此致敬礼”“此聘”等。

(5)落款。落款要署上发文单位名称或单位领导的姓名、职务，并署上发文日期，同时要加盖公章。

 案例

聘书

兹聘×××大学讲师职务，任期三年(自2020年9月1日—2023年9月1日)。

××××大学

校长×××(校长印章)

××年×月×日

(二)请柬

请柬又称请帖、柬帖、邀请书，是为了邀请有关单位或个人参加某项活动而发的礼仪性书信。请柬多用于比较隆重的场合，如庆典、筵宴等活动邀请宾客，使用请柬比一般的书信更具庄重的特点。随着现代社会交际活动的日益频繁，请柬的类型越来越多，常见的有公务性活动请柬、文娱性活动请柬、宴会请柬、庆吊请柬等。

请柬的结构一般由以下几部分组成。

(1)封面。写明“请柬”(请帖)字样，字体可以写得大些，“请柬”前亦可加上活动的名称。封面要讲究艺术性，可加图案装饰，字体可用美术体或手写体，有条件者还可以烫金印制，还可饰以花纹图案，力求整洁、美观、庄重。

(2)称谓。顶格书写被邀请者的单位或个人名称。个人的姓名之后要有职务、职称或“先生”“女士”等称谓。邀请夫妇双方参加的，其姓名要并排写。也有的把称谓写在正文之后，用“此致×××先生”字样。

(3)正文。在称谓下面另起一行，交代活动的内容、时间、地点等。如有其他要求，亦应在此写出，以便被邀请者准备。正文的最后多以“邀请参加”“敬候光临”等语作结。

(4)落款。在正文右下方署明邀请单位或个人的名称，并注明发出请柬的日期。

案例

请　柬

×××女士：

为庆祝我公司成立10周年，特定于2020年5月20日上午9:00在本公司大礼堂举办庆祝活动。

敬请光临。

××××公司公关部

2020年5月6日

五、慰谢类

(一)慰问信

慰问信是表示向对方(一般是同级或上级对下级单位、个人)关怀、慰问的信函。它是有关机关或者个人，以组织或个人的名义在他人处于特殊的情况下（如战争、自然灾害、事故)，或在节假日，向对方表示问候、关心的应用文。慰问信包括两种：一种是表示同情安慰；另一种是在节日表示问候。信应写得态度诚恳、真切。

慰问信有的由个人写给个人，有的是单位、团体之间互相致慰问，也有的是上级对下级及其所属人员的慰问。下级机关团体对上级机关团体、个人对上级机关团体，一般不用。

慰问信的内容和结构格式大体如下。

(1)标题。写“慰问信”或“×××致×××的慰问信”，如《习近平向全国广大教师致慰问信》《湖北省委省政府向援鄂医疗队全体队员发出慰问信》等。此类机关名称、慰问对象、信件名称三者齐全的标题，一般用于集体慰问，涉及事项也较重大，个人之间的慰问一般不用此全称标题。

(2)称谓。标题下空一行，写被慰问的单位或个人的名称。如××地区广大干部、群众、人民解放军指战员同志们、×××同志等。如果是多个对象，要一一写进去。对象前面可以加“敬爱的”等字样。

(3)正文。首先用简要文字讲述原因、背景，提起下文，然后较全面具体地叙述事实、表示慰问或学习，最后结合形势提出希望，表示共同的愿望和决心，以勉励的话语结束全文。

(4)署名、日期。署名、日期在右下方，分两行写。如果慰问的单位或个人不止一个，要都写进去。

（二）感谢信

感谢信是向关怀、支持、帮助过自己的单位或个人表示感谢的专用书信。单位与单位之间、单位与个人之间、个人与个人之间，只要一方得到对方的支持帮助，都可用感谢信向对方致谢。

感谢信的结构一般由标题、称谓、正文、结语、署名与日期五部分构成。

（1）标题。可只写“感谢信”三字；也可加上感谢对象，如“致张子鸣同学的感谢信”“致平安物业公司的感谢信”；还可再加上感谢者，如“赵明康全家致××社区居委会的感谢信”。

（2）称谓。写感谢对象的单位名称或个人姓名。如“××交警大队”“刘自立同志”。

（3）正文。主要写两层意思，一是写感谢对方的理由，即“为什么感谢”；二是直接表达感谢之意。

感谢理由。首先准确、具体、生动地叙述对方的帮助，交代清楚人物、时间、地点、事迹、过程、结果等基本情况；然后在叙事基础上对对方的帮助报以诚恳的评价，以揭示其精神实质、肯定对方的行为。在叙述和评价的字里行间要自然渗透感激之情。

表达谢意。在叙事和评论的基础上直接对对方表达感谢之意，根据情况也可在表达谢意之后表示以实际行动向对方学习的态度。

（4）结语。一般用“此致敬礼”或“再次表示诚挚的感谢”之类的话，也可自然结束正文，不写结语。

（5）署名与日期。写感谢者的单位名称或个人姓名和写信的时间。

练习题>

简答题

1. 简述新闻稿的含义及特点。

2. 简述公关关系广告与商业广告的区别。

3. 如何创办内部刊物？

参考文献

[1]李迎春. 心理学[M]. 北京：北京希望电子出版社，2014.

[2]杨华玲，潘丽君，高英. 公共关系学(第 2 版)[M]. 北京：北京理工大学出版社，2019.

[3]曾霞，周小波，芦亚柯. 公共关系学[M]. 北京：北京理工大学出版社，2019.

[4]袁学敏，袁继敏. 公共关系理论与应用[M]. 北京：北京理工大学出版社，2018.

[5]于然. 现代组织公共关系学(第 2 版)[M]. 北京：北京师范大学出版社，2014.

[6]童兵，陈绚. 新闻传播学大辞典[M]. 北京：中国大百科全书出版社，2014.

[7]杨玫. 公共关系理论与实务[M]. 北京：电子工业出版社，2018.

[8]王培才. 公共关系理论与实务[M]. 北京：电子工业出版社，2007.

[9]钟育赣. 公共关系学[M]. 北京：高等教育出版社，2016.

[10]束亚弟，张敏. 公共关系学[M]. 北京：机械工业出版社，2016.

[11]刘军. 公共关系学[M]. 北京：机械工业出版社，2006.

[12]丁光梅. 媒体公共关系研究[M]. 北京：经济管理出版社，2013.

[13]张岩松. 现代公关礼仪[M]. 北京：经济管理出版社，2006.

[14]刘建明. 宣传舆论学大辞典[M]. 北京：经济日报出版社，1992.

[15]韩金. 公共关系：理论，案例，实训[M]. 北京：清华大学出版社，2019.

[16]陈军，李晓，陈有真，等. 公共关系学[M]. 北京：清华大学出版社，2018.

[17]樊帅. 企业公共关系案例解析[M]. 北京：清华大学出版社，2017.

[18][美]弗雷泽·P. 西泰尔. 公共关系事务[M]. 潘艳丽等译. 北京：清华大学出版社，2017.

[19]唐雁凌，姜国刚. 公共关系学(第三版)[M]. 北京：清华大学出版社，2016.

[20]曾红宇. 广告策划与写作实务[M]. 北京：清华大学出版社，2016.

[21]陶应虎. 公共关系学原理与实务[M]. 北京：清华大学出版社，2015.

[22]陶应虎，顾晓燕. 公共关系原理与实务[M]. 北京：清华大学出版社，2006.

[23]刘昕. 人力资源管理[M]. 北京：中国人民大学出版社，2020.

[24]周安华. 公共关系：理论、实务与技巧(第六版)[M]. 北京：中国人民大学出版社，2019.

[25]周安华，苗晋平. 公共关系：理论、实务与技巧[M]. 北京：中国人民大学出版社，2018.

[26]魏娜，吴爱明. 当代中国政府与行政(第四版)[M]. 北京：中国人民大学出版社，2017.
[27]蔡立辉，王乐夫. 公共管理学(第二版)[M]. 北京：中国人民大学出版社，2018.
[28]廖为健. 政府公共关系(第二版)[M]. 北京：中国人民大学出版社，2014.
[29]周安华，苗晋平. 公共关系理论、实务与技巧[M]. 北京：中国人民大学出版社，2013.
[30]王石泉. 公共行政与媒体关系：领导干部媒体沟通的智慧[M]. 北京：人民出版社，2012.
[31]李秀忠，曲延春. 公共关系原理与实务[M]. 北京：人民邮电出版社，2017.
[32]刘玉玲. 新编现代公共关系学[M]. 北京：中国社会科学出版社，1992.
[33]张荷英. 现代公共关系学(第6版)[M]. 北京：首都经济贸易大学出版社，2017.
[34][美]迈克尔·波特. 竞争战略[M]. 陈丽芳译. 北京：中信出版社，2014.
[35]王虹，严光菊. 医院公共关系学[M]. 成都：西南交通大学出版社，2012.
[36]臧肖，郭潇嵋. 公共关系论纲[M]. 成都：四川大学出版社，2018.
[37]车文博. 心理咨询大百科全书[M]. 杭州：浙江科学技术出版社，2001.
[38]熊源伟. 公共关系学[M]. 合肥：安徽人民出版社，2003.
[39]晓燕. 公关礼仪[M]. 南昌：百花洲文艺出版社，2002.
[40]金正昆. 公关礼仪[M]. 西安：陕西师范大学出版社，2007.
[41]邓彦龙. 危机公共关系理论与实务[M]. 上海：复旦大学出版社，2019.
[42]居延安. 公共关系学(第5版)[M]. 上海：复旦大学出版社，2016.
[43]李新建等. 员工关系管理[M]. 天津：南开大学出版社，2019.
[44]张遒英，巢莹莹. 公共关系学(第三版)[M]. 上海：同济大学出版社，2019
[45]徐白. 公关礼仪教程[M]. 上海：同济大学出版社，2007.
[46]史雯，黄鸣刚. 走向和谐之路：危机传播视域中的政府与媒体关系[M]. 上海：上海交通大学出版社，2018.
[47]胡杏菁，罗永全，连伟文. 公共关系[M]. 上海：上海交通大学出版社，2018.
[48]蒲创科. 新闻报道中如何用好新闻背景[J]. 青年记者，2012(6).